Harald Demelbauer

Meine Pferdegeschichten und andere Viechereien

Harald Demelbauer

Meine Pferdegeschichten und andere Viechereien

Rediroma-Verlag

Bibliografische Information der Deutschen Nationalbibliothek:
Die Deutsche Nationalbibliothek verzeichnet diese Publikation in der Deutschen Nationalbibliografie; detaillierte bibliografische Daten sind im Internet über http://portal.dnb.de abrufbar.

ISBN 978-3-98885-484-1

www.rediroma-verlag.de
16,95 Euro (D)

Danksagungen

In diesem Buch möchte ich meine Erinnerungen an eine interessante und lustige Zeit niederschreiben, weil ich glaube, dass diese nicht in Vergessenheit geraten sollten.

Für die Möglichkeit, all das zu erleben, will ich mich bei meinem Vater Rudolf Demelbauer, verstorben 2016, meiner Mutter Ingrid Demelbauer, verstorben 2023, besonders für ihren Erinnerungsschatz und die zahlreichen Fotos und Filme aus ihrer Sammlung, und bei meinem Bruder Peter Demelbauer bedanken.

Des Weiteren gebührt meiner geliebten Ehefrau Brigitte, Autorin, mit der ich im Südburgenland lebe, meine größte Hochachtung und aller Dank der Welt für ihre Unterstützung, Anmerkungen und Verbesserungsvorschläge zu diesem Werk.

Mein Dank an Frau Charo Abdulkarim, eine Irakerin kurdischer Abstammung, welche mit ihrer Familie in Wien lebt, für die Überprüfung des Kapitels "Pferd - Dromedar" bezüglich der arabischen Ausdrücke. Sie beherrscht die arabische Sprache.

Ebenfalls Dank an die Tageszeitung Kurier für die freundliche Genehmigung zum Abdruck von Ausschnitten aus dem Kurier vom 18. 07. 1979.

In Memoriam

Ingrid Demelbauer

1941 - 2023

Rudolf Demelbauer

1939 - 2016

Dieses Buch ist all den Tieren gewidmet, welche ich hier zu beschreiben versuche.

Tiere sind unsere besten Freunde und jeder sollte sie so gut behandeln, wie man es für sich selbst gern hätte.

Das Coverbild dieses Buches zeigt meinen damaligen Partner, Freund und Weggefährten, den Trakehnerhengst Therry im Jahr 1992 auf der Koppel.

Zum Schlusscoverbild kann ich nur sagen, dass es aus dem Jahr 1981 ist und mir zu diesem Zweck gut gefällt.

Inhalt

Wie alles begann

Seit meiner Schulzeit habe ich mich bereits mit Pferden und anderen Tieren auseinandergesetzt.

Das war wohl unumgänglich, da mein Vater Reitinstruktor war und damals einen Reitclub gründete.

Diese Profession hatte er als Soldat beim Österreichischen Bundesheer in der Tragtierkompanie Saalfelden, welche damals mit Haflingerpferden gearbeitet hat und später beim Reitausbildungszug in der Theresianischen Militärakademie Wiener Neustadt erlernt.

Diese Kenntnisse wollte er nun auch im privaten Bereich anwenden.

Als einem seiner Söhne war es mir vergönnt, die Arbeit und den Umgang mit diesen großartigen Tieren von ihm vermittelt zu bekommen.

Das war aber nicht immer so einfach, wie es sich heute aufschreiben lässt.

Anfang in Wiener Neustadt.
Mein Bruder, mein Vater, ich am Pferd.

Der Reitsport als Form der Freizeitgestaltung steckte damals, ab dem Jahr 1975, noch in den Kinderschuhen und wurde eher von begüterten Mitmenschen ausgeübt.

Mein Vater wollte wohl diesen schönen Sport dem sogenannten Mittelstand näherbringen.

Ganz am Anfang war er mit einigen Pferden in den Stallungen des Schlachthofes in Wiener Neustadt eingemietet, wo er sich hauptsächlich mit der Ausbildung von wilden Islandpferden beschäftigte, welche zu dieser Zeit aus ihrer Heimat importiert wurden, ohne dass sie in irgendeiner Art und Weise von ihren Besitzern als Reitpferde zu verwenden waren.

Diese Tiere waren, wie bereits erwähnt, Wildpferde, und deren Training artete teilweise in einem haarsträubenden Kampf Mensch gegen Tier aus. Mein Vater geriet dabei oftmals geradezu in Lebensgefahr, da sich einige Tiere gegen das Zureiten mit allen ihnen zu Verfügung stehenden Mitteln wehrten. Sie warfen sich zu Boden und versuchten, ihn an Bäumen und allen möglichen anderen Objekten abzustreifen, was ihnen manchmal auch gelang.

Mein Papa hatte für das Training nur eine begrenzte Zeit zur Verfügung, und danach sollten diese Tiere ihre Besitzer und Reiter zumindest im Sattel dulden.

Die meisten Pferde waren durchaus bereit, die Menschen zu akzeptieren, andere hingegen waren den Schilderungen von Rudolf nach geradezu Bestien.

Dort erhielt ich meine ersten Reitstunden an der Longe, das bedeutet, dass mein Vater eines oder mehrere Pferde an einer langen Leine aus der Mitte eines Kreises führte und das oder die Pferde im Kreis um ihn herum liefen. Ich und mein Bruder Peter saßen auf den Pferden, lernten die Gangarten der Tiere kennen und machten vor allem Gleichgewichtsübungen. Und zwar auf anderen Pferden als den wilden Isländern. An diese Stunden kann ich mich allerdings nur wenig erinnern.

Da die Räumlichkeiten in diesen Stallungen nicht den Bedürfnissen eines Reitclubs genügten, begaben sich meine Eltern auf die Suche nach einem passenderen Objekt.

Schließlich fanden sie einen kleinen Bauernhof ohne die entsprechenden landwirtschaftlichen Grundstücke in der Nähe von Wiener Neustadt, genauer gesagt in der Gemeinde Katzelsdorf. Dieser war zu verpachten und mein Vater nahm die Gelegenheit beim Schopf und unterzeichnete den Pachtvertrag mit den Eigentümern.

Das gesamte Anwesen bestand aus einigen Stallungen, einigen ehemaligen Wohnräumen, einem Stadel von etwa 15 mal 10 Metern und dem Hausacker, welcher in eine Koppel, ein Dressurviereck und eine kleine Weide umgestaltet wurde.

Als Reittiere hatte mein Herr Papa einige jugoslawische Pferde importiert. Das Futter, Heu und Stroh wurden zugekauft, Wasser war vorhanden, ebenso gab es einen Stromanschluss, an den Kanal war das Anwesen allerdings noch nicht angeschlossen.

Die Pferde hatten folgende Namen:
"Sogor" (mittelgroßer Brauner, Wallach)
"Tommy" (großer schlanker Brauner, Wallach)
"Felix" (großer schlanker Rappe, Wallach)
"Don" (großer schlanker Schimmel, Wallach)
"Smoky" (mittelgroßer Grauschimmel, Wallach)
"Vesir" (mittelgroßer Rappe, Wallach)
"Selima" (mittelgroße Schimmelstute, vermutlich Lipizzaner)
"Cora" (mittelgroße Rappstute, Halbblut)
"Tamara" (große Rappstute, trächtig).

"Tamara" war, nachdem sie ihr Fohlen bekommen hatte, in einem Ausmaß aggressiv und gefährlich, dass es für einen Reitstall nicht vertretbar war, sie zu behalten. Sie und ihr Fohlen wurden bald danach verkauft.

Zusätzlich hoffte mein Vater noch auf einige private Pferdeeinsteller, damit sich die Unternehmung auch finanziell rechnen konnte.

Zu Beginn wurde von meinen Eltern zusammen mit Freunden und Bekannten ein Reitverein gegründet. Im Laufe der Zeit verließen aber einige Gründungsmitglieder den Verein, um ihre unterschiedlichen Interessen anderweitig zu verwirklichen.

Am Anfang wurde versuchsweise der Fahrsport mit Wagen und Gespann als weitere Möglichkeit des Pferdesportes probiert, doch das hat sich nicht durchgesetzt und wurde aufgegeben.

Dazu gibt es eine nette Anekdote. Eines der Tiere, und zwar "Sogor", hatte bei seiner Anlieferung eine rote Masche im Schweif. Das bedeutet, dass dieses Tier eine besondere Eigenheit hat, welche sich negativ auswirken kann.

Selbige galt es nun herauszufinden. "Sogor" hat weder geschlagen noch gebissen und war ein braves Reitpferd. Einmal hat mein Vater ihn dann vor den Wagen gespannt, und da wurde deutlich, warum er diese Masche getragen hat.

"Sogor" hatte sich, nachdem er eingespannt war, vorne aufgebäumt, hat sein Hinterteil unter die Deichsel gedreht und sich dann wieder auf alle vier Beine niedergelassen. Die Deichsel brach dann über seinem Rücken. Zur Erklärung: Eine Deichsel ist die Zug- und Lenkvorrichtung einer Kutsche, eine besonders geformte feste Holzstange, die seitlich am Geschirr der Pferde befestigt wird und mit der Vorderachse der Kutsche verbunden ist. Diese Achse ist wiederum drehbar mit dem Wagenkasten verbunden.

Mein Vater wollte nicht glauben, was er da gesehen hatte und versuchte es ein weiteres Mal mit einer zweiten Deichsel. Der Erfolg war fast der Selbe, außer, dass die Deichsel dabei nicht gebrochen ist. Dies war auch gut so, denn das war die letzte passende Deichsel für diesen Wagen.

Damit war es genug. "Sogor" wurde nie wieder eingespannt.

Diese Geschichte wurde mir so von meinem Vater erzählt. Ich persönlich war nicht dabei.

Mit der Zeit wurden Reitkurse für Anfänger angeboten und ich erhielt die Gelegenheit, an einem dieser Kurse teilzunehmen, um die Grunderfordernisse des Reitsportes zu erlernen.

Dies geschah im Jänner 1976, kurz nach Neujahr in der schulfreien Zeit. Während dieses Kurses bekam ich ein Pferd zugeteilt, und zwar "Sogor".

Ich lernte, ihn zu putzen, zu satteln, ihn aufzuzäumen, ausmisten, füttern und tränken. Ich war damals knapp über 10 Jahre alt und dieses Pferd erschien mir riesengroß. Wenn er den Kopf etwas anhob, konnte ich ihn nicht mehr aufzäumen, der Sattel war verdammt schwer, aber irgendwie habe ich diese Aufgaben geschafft.

Dann kamen das Aufsteigen und zuerst das Longieren (an einer langen Leine, der Longe) im Kreis, während mein Vater aus der

Mitte die Longe führte. Dabei wurde langsam begonnen und alle drei Gangarten, Schritt, Trab und später auch Galopp durchprobiert, um eine gewisse Fertigkeit und Sicherheit im Sattel zu erreichen. Beim Trab wurde das Aussitzen und Leichtreiten geübt und zusätzlich noch einige einfache Gleichgewichtsübungen im Sattel durchgeführt.

Nachdem ich die Hilfengebung und die Zügelführung theoretisch gelernt hatte, kam dann das selbstständige Reiten in der Gruppe im Dressurviereck.

Das klingt einfacher, als es in Wirklichkeit war. Die Pferde merken natürlich den Unterschied zwischen einem Anfänger und einem geübten Reiter, der wirklich weiß, was er tut und sich entsprechend durchsetzen kann (sehr wichtig!!).

Den anderen Schülern, hauptsächlich Jugendlichen in meinem Alter, ging es ähnlich wie mir, und oft kam es zu turbulenten Szenen, wenn die Pferde auf die Idee kamen, einmal selbst die Kontrolle zu übernehmen.

Im Großen und Ganzen funktionierte das alles aber doch einigermaßen, da ja immerhin der Chef (mein Vater) inmitten des Dressurviereckes stand und die entsprechenden Anordnungen im militärischen Kommandoton gab. Die Pferde waren ja darauf geschult, bestimmte Befehle mehr oder weniger selbstständig zu befolgen (Trab marsch, bzw. Schritt).

In diesem Stadium der Ausbildung galt es, die Hilfengebung (Antreiben, Bremsen und Lenken mit Schenkel und Gesäß) in der Praxis zu erlernen und die Zügel entsprechend zu führen.

Vor allem aber ging es darum, nicht vom Pferd zu fallen und sich vielleicht sogar zu verletzen. Die entsprechende Ausrüstung ist diesbezüglich natürlich von Bedeutung, das bedeutet Reithelm, Stiefel und Reithose. Und im Winter war noch entsprechende Schutzkleidung gegen die Unbilden des Wetters unter freiem Himmel wichtig.

Nach dieser Woche des Anfängerkurses bedurfte es noch etlicher Stunden an weiterer Übung, um die erlernten Fähigkeiten zu festigen. Von wirklichem Können meinerseits war noch keine Rede und oft machten die Pferde, mit denen ich zu tun hatte, genau das Gegenteil von dem, was ich eigentlich vorhatte.

Im Laufe der Zeit wurden manche Pferde verkauft, andere zugekauft, meistens von einem Pferdehändler in Mattersburg. Hengste gab es am Anfang keine, da diese Tiere im Allgemeinen nicht so gut für den Reitbetrieb in der Gruppe und mit Anfängern geeignet sind. Später gab es diesbezüglich einige wenige Ausnahmen, wobei man dazusagen muss, dass ein Hengst meistens noch etwas unberechenbarer ist als ein Wallach oder eine Stute und sehr von seinem Geschlechtstrieb beeinflusst wird. Grundsätzlich muss man bei Pferden mit allen möglichen unvorhergesehenen Dingen rechnen, da es sich dabei um eigenständige Lebewesen handelt, welche durchaus unterschiedliche Charaktere entwickeln können.

Nichtsdestotrotz bin ich später immer gerne mit Hengsten geritten und kam mit ihnen sehr gut zurecht.

Ein Rückschlag

Nach einiger Zeit der Übungen fühlte ich mich soweit, selbstständig im Dressurviereck meine Einheiten zu erledigen. Ich wählte mir dazu "Tommy" als Reittier. Putzen, Satteln und Zäumen funktionierte dank der Übung schon recht gut. Raus aufs Dressurviereck, ganz alleine, nur das Pferd und ich.

Wendungen, Gangartwechsel und Volten ging schon teilweise recht gut, manchmal ging mir der gute "Tommy" über die Schulter, das bedeutet, er kürzte die Ecken vom Dressurviereck ab, indem er die innere Schulter nach innen drehte und die Kurve sozusagen schnitt. Das hatte mit meiner ungenügenden Schenkel- und Sitzhilfe und der falschen Zügelführung zu tun. Ist ein klassischer Anfängerfehler.

Nach einiger Zeit wollte ich angaloppieren. Mein liebes Reittier nutzte meine Unerfahrenheit aus, machte eine schnelle Wende nach innen, wieder über die Schulter, ich verlor mein Gleichgewicht und fiel über die Außenschulter vom Pferd.

Nun ja, das konnte schon mal passieren. Aufstehen, Pferd einfangen, aufsitzen und noch einmal.

Einige Wendungen, im Trab, einige kleine und große Volten, dann wieder angaloppieren. Noch einmal dieselben Fehler, das Pferd hat wiederum genau dasselbe gemacht und ich bin ein zweites Mal heruntergefallen.

Diesmal war ich schon etwas deprimiert. Wie konnte das ein zweites Mal passieren? Geschehen ist mir ja nicht wirklich etwas, also auf ein drittes Mal.

Diesmal wollte ich alles richtig machen! Doch leider sind diese Schulpferde ziemlich schlau, und wenn ein Trick öfters funktioniert, merken sie sich den ganz genau. Dazu kam meine Unsicherheit, zweimal mehr oder weniger in derselben Situation, fast an derselben Stelle vom Pferd gefallen. Aber das muss doch funktionieren! Es kam, wie es fast kommen musste. Ich bin noch ein drittes Mal heruntergefallen!

Das war´s jetzt einmal. Pferd eingefangen, hinein in den Stall, absatteln und abzäumen, Hufe ausputzen und Pferd abreiben mit Stroh. Dann habe ich mich in den Aufenthaltsraum gesetzt und nachgedacht. Dabei bin ich zu dem Entschluss gekommen, dass ich das Reiten einstweilen bleiben lasse. Wenn ich meinen Frust über den dreifachen Sturz innerhalb einer knappen halben Stunde einmal verdaut haben werde, kann ich mich vielleicht wieder mit dem Thema Pferde auseinandersetzen.

Eine Fernsehproduktion

In der ersten Hälfte des Jahres 1976 fragte der ORF bezüglich einer Fernsehproduktion bei meinen Eltern an.

Es handelte sich um eine Fernsehdokumentationsserie über die Babenberger in Österreich. Eine der Szenen sollte in Katzelsdorf auf der hölzernen Leithabrücke gedreht werden. Dabei sollten zwei Schauspieler mit Pferden über die Brücke reiten und die Geschichte vom Unfall und späteren Tode des Babenbergerherzogs Heinrich II. Jasomirgott erzählen. Dieser war mit einem Pferd über eine morsche Holzbrücke geritten, durchgebrochen und hatte sich dabei lebensgefährlich verletzt. Kurze Zeit darauf ist er an den Folgen dieser Verletzung verstorben.

Diese zwei Schauspieler waren Frau Mijou Kovac und Herr Klaus Maria Brandauer. Beide hatten damals wenig Erfahrung mit Pferden und brauchten deshalb etwas Reitunterricht. Außerdem wurden für die Dreharbeiten die passenden Pferde benötigt.

Also geschah es dann im Sommer dieses Jahres, dass die Schauspieler von meinem Vater diesbezüglich unterrichtet wurden und die Szene dann mit den beiden Pferden "Smoky" für Frau Kovac und "Sogor" für Herrn Brandauer gedreht wurde. Herr Brandauer war mit der vom ORF zur Verfügung gestellten Reitkleidung nicht zufrieden, darum musste meine Mutter schnell Ersatz besorgen. Sie fuhr nach Hause und holte Reithose und

Stiefel meines Vaters. Damit war Herr Brandauer wohl ausgerüstet und die Dreharbeiten konnten beginnen.

Die Schauspieler und die beiden Pferde haben die Sache ausgezeichnet erledigt, und so sind zwei unserer Schulpferde in die Fernsehgeschichte eingegangen. Der Titel war "Die Babenberger in Österreich. Wir waren 12 ", und wurde im Herbst 1976 in zwei Teilen im ORF-Fernsehen ausgestrahlt.

Dreharbeiten zu "Die Babenberger in Österreich. Wir waren 12" in Katzelsdorf. Privataufnahmen Ingrid Demelbauer.

Mein Neuanfang

An meinem 12. Geburtstag, im Jahr 1977 war ich zu einem weiteren Versuch bereit. Ich äußerte den Wunsch, mich an einem längeren Ausritt zu beteiligen.

Nachdem Katzelsdorf am Fuße der Rosalia liegt, lag es nahe, die bekannte Tour zur Rosalienkapelle zu unternehmen.

Da in der nächsten Zeit kein derartiger Ausritt geplant war, erklärte sich meine Mutter bereit, diese Tour extra mit mir zu machen. Sie war zwar keine besonders begeisterte Reiterin, interessierte sich auch nicht extrem für die Pferde, war allerdings geübt genug, um diesen Ganztagesritt mit mir zu unternehmen.

An einem schönen Sommerwochenende machten wir uns morgens (vermutlich mit "Sogor" und "Smoky", genau kann ich mich nicht erinnern) auf den Weg. Es ging recht gemütlich bergauf bis zur Rosalienkapelle. Dort wurde eine längere Pause gemacht, und dann ging es, nachdem sich die Pferde und wir gestärkt hatten, wieder zurück in den Reitstall. Dort kamen wir am frühen Nachmittag wieder an.

Die Tour hatte einige Stunden gedauert und war sehr erfolgreich abgelaufen. Keine Stürze!

Nach diesem positiven Neustart war ich nun bereit, die Geheimnisse des Reitsports zu ergründen.

Im Laufe der nächsten Jahre tat ich dies auch und entwickelte ein gutes Verständnis für diese Sache. Ich lernte die Pferde genauer kennen, machte Ausritte in die Umgebung, kannte mich schon recht gut auf den Standardrouten aus und machte Fortschritte in der Dressur.

Viele liebe Tiere

Mit der Zeit hatte es sich ergeben, dass außer den Pferden noch andere Tiere im Reitclub in Katzelsdorf einzogen.

Es gab immer wieder Hunde. Die beiden ersten waren ein Duo namens "Whiskey" und "Soda", zwei Mischlinge aus dem Dorf. Einer sah aus wie ein Dackel, der andere wie ein Terrier. Es waren Brüder aus demselben Wurf und offensichtlich hatten sie als Eltern einen Dackel und einen Terrier.

Beide waren für eine gewisse Zeit die Haus- und Hofhunde. Nach einiger Zeit war "Whiskey" wieder fort. "Soda" wurde daraufhin auf "Togi" umgetauft, da "Soda" alleine komisch klingt. Dieser war dann nach längerer Zeit ebenfalls nicht mehr da. Warum und wohin er kam, ist mir nicht mehr in Erinnerung.

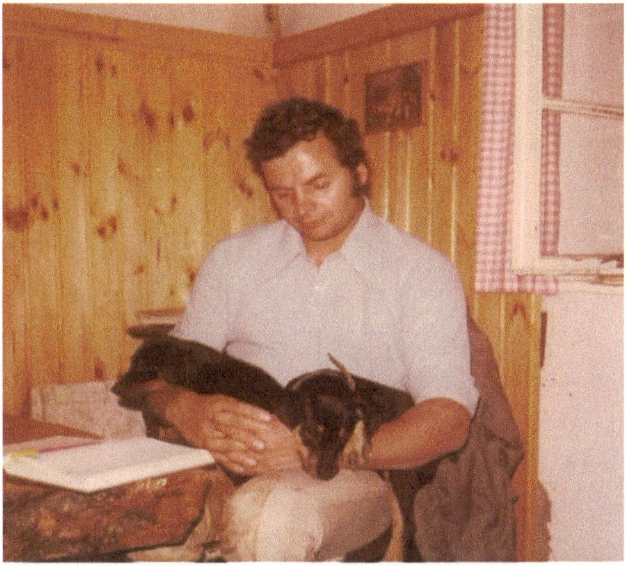

Vater mit "Whiskey" und "Soda" in Katzelsdorf

Als weitere Attraktion wurden oftmals verschiedene Arten von Zwerghühnern zugekauft. Manche sahen aus wie ganz normale Hühner, nur eben kleiner, einige waren aber doch ziemliche Exoten. Da gab es zum Beispiel die sogenannten "Discohühner". Diese waren schwarz-weiß gemustert und hatten einen wilden Schopf. Außerdem waren diese Tiere etwas nervig.

Der Vorteil bei diesen Hendln war, dass sie Eier legten. Diese waren zwar kleiner als normale Hühnereier, hatten aber durch die natürliche Ernährung der Hühner einen schönen großen Dotter. Leider bauten die Hennen ihre Nester an den unmöglichsten Plätzen und wenn man Eier wollte, musste man sie schon suchen gehen. Wenn man Pech hatte, fand man zwar welche, die aber möglicherweise schon bebrütet oder nicht mehr ganz so frisch waren.

Die Hühner wurden nicht eingesperrt und konnten den ganzen Tag im Pferdemist herumkratzen und nach Käfern, Würmern und sonstigem Futter suchen.

Um die lieben Tiere ihrer Flugfähigkeit zu berauben - wozu sie durchaus imstande waren - wurden sie manchmal eingefangen und die Federn der Flügel einseitig gestutzt. Das half aber nicht besonders gut, da die Flugfedern nach einiger Zeit wieder nachwuchsen. Dann saßen sie bald wieder auf dem hohen Nussbaum und krähten ein fröhliches Lied.

Als weiteren Teil der Menagerie gab es einmal einige Kaninchen. Das war, glaube ich, die Idee meines Bruders Peter. Er erhielt sie von Bekannten und quartierte diese Tiere in verschiedenen Freigehegen ein, welche er irgendwie zusammenbastelte. Diese Karnickel hatten allerdings die Angewohnheit, zu graben. So konnten sie ihren Stallungen in Richtung freier Natur entkommen, wo man sie nicht mehr erwischte. Es gab da verschieden Rassen, zum Beispiel mit Schlappohren, große und kleinere Arten und in verschiedenen Farben.

Einige Zeit nach der Kaninchenepisode war wieder einmal ein Hund an der Reihe. Er war ein Geschenk einer Reiterin und ihres Freundes, ein Englischer Jagdterrier-Welpe. Er wurde sinnigerweise „Terry“ getauft.

Bei dieser Rasse handelt es sich um richtige Draufgänger, die sowohl zur Jagd auf Füchse als auch Dachse gezüchtet werden.

So ein Tier braucht eine ordentliche Ausbildung und auch eine echte Bezugsperson. Beides bekam er im Reitclub nicht. Tagsüber war er oft im Haus in Wiener Neustadt, abends und am Wochenende dann im Reitclub. Er war ziemlich schnell und konnte bei den Ausritten mit den Pferden bis zum Galopp mithalten. Außerdem durchquerte er die Leitha und den Kehrbach schwimmend ohne große Probleme, selbst im Winter. Manchmal, wenn das Wasser zu reißend und tief wurde, trieb er weit ab, erreichte aber immer das Ufer. Heutzutage wäre das kaum mehr möglich, dass ein Hund ohne Leine und Maulkorb frei in der Natur herumläuft. Das wäre ein klassischer Fall von wilderndem Hund und die Jägerschaft würde dieser Tatsache bald ein Ende bereiten.

Im Reitclub ging er den dort Anwesenden oft auf die Nerven, da er beschäftigt werden wollte. Die warfen dann meistens irgendeinen Stein und Terry brachte diesen voller Begeisterung wieder zurück. So ging das Spielchen immer weiter. Mit der Zeit entwickelte der nicht besonders große Hund eine wahre Leidenschaft für Steine aller Art und schleppte sie überall herum.

Mutter und Terry, Weihnachten in Wiener Neustadt

Ohne Fleiß kein Preis

Einige Worte möchte ich noch zu der notwendigen Arbeit vermerken, die ein solcher Betrieb mit sich bringt.

Es ist natürlich hochinteressant, mit Tieren aller Art zu tun zu haben. Man darf aber nicht vergessen, dass es sich um teilweise schwere Tätigkeiten handelt, welche dabei zu verrichten sind.

Die Pferde müssen mindestens zwei Mal am Tag gefüttert werden. Sie gehören geputzt und beschlagen, und manchmal tierärztlich behandelt. Jemand muss da sein, um zu schauen, dass ihnen nichts passiert und dass sie keinen Unsinn machen, der Stall muss jeden Tag ausgemistet werden.

Futter gehört besorgt, Stroh und Heu muss vorhanden sein, der Mist muss entsorgt werden und Wasser in ausreichenden Mengen zur Verfügung stehen.

Sättel, Zäume und sonstiges Lederzeug müssen regelmäßig gepflegt werden, um Schäden zu verhindern. Diverse Einfriedungen von Koppeln und Stallungen haben in einem entsprechenden Zustand zu sein, damit es zu keinen unliebsamen Überraschungen kommt.

Besteht keine Möglichkeit, Futter, Stroh und Heu selbst zu produzieren, muss man es natürlich zukaufen. Dazu benötigt man die entsprechenden Geldmittel. Außerdem ist es oft nicht gewährleistet, dass man auch bekommt, was man braucht. Da ist es wichtig, bei der Ernte einzukaufen und dann genug Lagerkapazität zu haben, um Engpässe bei der Versorgung zu vermeiden. Vor allem das Heu sollte von bester Qualität sein, um zum Beispiel Husten bei den Tieren zu vermeiden (durch Staub). Geliefert wird dann mit Lastwagen oder Traktor, jeweils mit Anhängern, und diese Lieferungen mussten dann ja entladen werden. Zur damaligen Zeit war es noch üblich, die etwa 10 Kilogramm schweren Ballen händisch oder mit einfachen Heugabeln zu verladen. Entsprechende Maschinen waren nicht vorhanden. Diese Tätigkeiten wurden oft von meinem Bruder Peter und mir, zwei Teenagern, in Zusammenarbeit mit den Lieferanten erledigt. Die gelieferten Mengen betrugen bis zu 30 Tonnen!

Pferdemist kann im besten Fall verschenkt werden, dieser muss aber natürlich abgeholt werden. Da ist es schon einmal notwendig, bei der Ladearbeit mitzuhelfen.

Sonstige Futtermittel wie Hafer, Gerste, Weizenkleie, Maisschrot und Rübenschnitten wurden von den Lagerhäusern der Umgebung angekauft. Alternativ dazu konnte man auch Fertigfutter verwenden. Dabei kann man sich oftmals das Heu sparen, muss dann aber umso mehr Stroh zur Verfügung stellen, da die Pferde dann dieses fressen. Es hat zwar kaum Nährwert, die Tiere brauchen es aber zum Herumkauen. Allerdings sind diese Fertigfuttermischungen viel teurer als herkömmliche Futtermittel (oder waren es zumindest damals). Um bei der Futtermenge etwas sparen zu können, war es sinnvoll, etwas Heu zuzufüttern. Oft gab es Karotten oder Futterrüben als Frischfutter. Diese mussten aber rasch verfüttert werden, da sie nicht verderben durften. Manchmal brachte der örtliche Bäcker Säcke mit altem Brot und Gebäck zu günstigen Preisen. Weidemöglichkeit stand nur in Ausnahmefällen zur Verfügung, da kein entsprechender eigener Grund vorhanden war.

Wenn der Hufschmied kam, waren oft mein Bruder und ich gefragt, um dem Schmied bei der Arbeit zu helfen (Hufe aufhalten). Da wir beide recht groß sind, ist das eine richtige Schinderei (Rücken). Ein guter Hufschmied sollte nicht unbedingt ein Riese sein, da die Arbeit in gebückter Haltung erledigt wird.

Teilweise waren die Stallungen mit fließendem Wasser und Selbsttränken bestückt, aber nicht alle. Darum mussten die Pferde mit Wasser in Kübeln getränkt werden. Manche Pferde haben die Kübel umgeworfen und dabei die Streu und das Heu eingewässert. Geholfen haben da zwei alte Autoreifen ohne Felgen, welche man übereinander legt und den Kübel in das entstehende Loch stellt. Den kann man nicht mehr so leicht umwerfen.

Futtermittel aller Art müssen ordentlich in einer Futterkammer eingeschlossen werden, um Diebstahl zu verhindern und die Tiere, die sich in der Nacht hin und wieder befreiten und selbstständig machten, am Zutritt zu hindern. Ein Pferd hat die Angewohnheit, zu fressen, bis es nicht mehr kann. Dies kann zu schweren Koliken führen, welche für die Pferde äußerst gefährlich werden können. Besonders problematisch wird es, wenn die Tiere an die getrockneten Rübenschnittenpellets kommen. Die müssen vor der Verfütterung längere Zeit in Wasser aufgelöst werden. Wenn ein Pferd so etwas in trockenem Zustand frisst, kann es daran verenden.

Diese beschriebenen Arbeiten gelten für das ganze Jahr, vor allem an Wochenenden und Feiertagen. Ferienreisen sind für Tierbesitzer in den meisten Fällen nicht möglich, da man ein oder mehrere Großtiere nicht einfach mitnehmen kann.

Im Winter müssen die Tiere genauso gepflegt und gefüttert werden, da kommen aber weniger Reitschüler, denen es oft zu kalt, nass, eisig oder windig ist. Für eine ordentliche Reithalle (20 mal 40 Meter) war keine Möglichkeit vorhanden und das war ebenfalls ein Grund für die schlechtere Auslastung im Winter. Die Kosten liefen also weiter und die Einnahmen sanken ins Bodenlose.

Eine weitere wichtige Tätigkeit war, die Pferde zu bewegen, falls sie einmal nicht für Reitschüler benötigt wurden.

Dazu wurden sie auf die Koppel gelassen. Sie konnten ja nicht nur im Stall herumstehen. Auch war dann das Ausmisten wesentlich leichter, wenn sich kein Tier im Stall befand.

Oft wurden Pferdepfleger angestellt. Diese blieben aber meist nicht für lange Zeit, da die Tätigkeit anstrengend, schlecht bezahlt und doch verantwortungsvoll war.

Da selbst ein Pfleger keine sieben Tage die Woche arbeiten konnte, mussten wir regelmäßig selbst Hand anlegen und die notwenigen Dienste verrichten.

Kurz gesagt, fad wird einem da sicher nicht so leicht.

Probleme

Wenn man morgens den Reitstall betrat, konnte es vorkommen, dass sich einzelne Pferde während der Nacht befreit hatten und ihrer eigenen Wege gegangen waren.

Das war an und für sich nichts Besonderes, ausgenommen die Tiere hatten sich dadurch in Gefahr gebracht, was leider manchmal geschah.

Von zwei solchen Vorfällen möchte ich hier berichten.

Beim Ersten war "Smoky" in der Nacht freigekommen.

Der Misthaufen war gerade frisch geräumt worden und leer. Darunter befand sich eine Senkgrube, welche durch starke Holzbohlen abgedeckt war, die entfernt werden konnten. "Smoky" war nun auf die Holzbohlen geraten. Diese waren noch feucht vom Mist gewesen und durch sein Gewicht weggedrückt worden: Das Tier war dazwischen in die Senkgrube gerutscht.

Die Grube war ziemlich tief und voll mit Gülle!

Nun konnte er sich einige Zeit mit den Vorderbeinen an den verbleibenden Holzbohlen halten, diese waren aber sehr rutschig, gaben nach und er verlor den Halt. Den Boden der Grube konnte er auch nicht erreichen und schließlich steckte er, da die Bohlen wegrutschten, nur mehr in der Gülle, welche weder fest noch flüssig war.

"Smoky" wäre wohl versunken und dabei elendig erstickt. Zum Glück wurde er noch rechtzeitig entdeckt.

Sobald als möglich wurde ein Traktor mit Frontlader vom benachbarten Landwirt besorgt und das Pferd am weiteren Versinken mit Balken gesichert, indem sie unter seinen Körper geschoben wurden. Jemand musste nun in die Grube, um dem Pferd einen Gurt um den Körper zu legen. Dazu wurde mein Bruder Peter auserkoren. Ich war damals nicht dabei. Als das geschehen war, konnte "Smoky" aus der Grube gehoben werden. Das arme Tier war vollkommen erschöpft, wurde gewaschen und in den Stall zurückgebracht.

Die Grube wurde geschlossen und gegen weitere derartige Vorfälle gesichert.

Ein anderes Mal geschah folgendes: Am Morgen bei Betreten des Stalles fehlten zwei Pferde. Und zwar "Felix" und "Vesir".

Nach einiger Verwirrung wurden die beiden gefunden. Sie waren in den unterirdischen Silo gestürzt! Der Raum, in dem sich der Silo befand, wurde nur als Heu- und Strohlager genutzt und war normalerweise geschlossen. Beide hatten sich Zutritt verschafft, anscheinend um zu fressen. Der Silo war mit mehreren Balken abgedeckt, diese waren durch das Gewicht der Pferde zur Seite geglitten und beide waren hineingerutscht.

Der Silo war zwar tief, aber zu einem Teil mit losem Heu und Stroh gefüllt. Dadurch war den beiden nicht viel passiert. Allerdings konnten sie nicht mehr heraus. Es bestand für die

Pferde nun keine direkte Lebensgefahr, aber ein großes Problem gab es doch.

Man konnte einen Traktor mit Frontlader zumindest soweit zum Silo fahren, um die Tiere herauszuheben, doch über dem Silo war ein Dach. Folglich konnte ein Pferd mit dem bereits erwähnten Gurt immer nur ein Stück angehoben werden, bis zu dem Moment, wo der Frontlader die Unterkante des Daches erreichte. Es wurden rasch herbeigeschaffte Strohballen in den Silo gelegt, um dem zu rettenden Tier einen gewissen festen Stand zu ermöglichen. Dann wurde der Frontlader gesenkt und die Verbindung zum Pferde gekürzt, solange, bis das erste Tier befreit war. Danach wurde dieselbe Prozedur mit dem zweiten Tier durchgeführt. Das war sehr zeitraubend und anstrengend, aber wohl nicht anders durchzuführen.

Schließlich konnten die beiden befreit werden und wieder in ihren Stall zurückkehren.

Als Konsequenz wurde der Silo dann mit Einverständnis der Eigentümer des Hofes zugeschüttet, um derartiges in Zukunft zu vermeiden.

Alle drei Pferde waren bei diesen beiden Vorfällen nicht schwer verletzt worden, hatten nur geringfügige Blessuren davongetragen, welche bald wieder in Ordnung waren.

Bei "Smoky", der an und für sich schon ein recht sensibles Tier war, hatte sich diese Eigenschaft infolge dieser schrecklichen Nacht noch wesentlich verstärkt, was durchaus verständlich ist. Auch Pferde haben eine Seele.

Neuzugänge

In Laufe der Zeit hatten sich einige Änderungen beim Pferdebestand ergeben.

Einige Tiere wurden verkauft, andere wurden zugekauft.

Neu dazugekommen waren zwei Warmblutwallachen: "Niko" ein großer, mächtiger Brauner und "Ares", ein mittelgroßer Fuchs. "Niko" war ein ruhiges, gutmütiges Tier, "Ares" war ein sogenanntes Problempferd, der schon mal ausschlug oder zubiss. Vermutlich war er von den Vorbesitzern schlecht behandelt worden. Beide waren sehr gute Schul- und vor allem Springpferde.

Dann gab es noch einen burgenländischen Warmbluthengst, einen mittelgroßen Rappen namens "Achmed". Er war von einer ehemaligen Reitschülerin gekauft worden. Sie hatte aber mit dem Tier einen schweren Reitunfall gehabt und wollte, beziehungsweise konnte ihn danach nicht mehr reiten.

Mein Vater nahm ihn ihr ab. "Achmed" bekam eine besondere Box, um ihn von den Stuten fernzuhalten. Dieser Bursche war sehr lebhaft und ein bisschen wild, was ihn später zu einem meiner Lieblingspferde machte.

Es kamen dann noch ein "Askan" und ein "Sascha" dazu. "Askan", ein brauner Wallach, war ein sehr gutes Pferd, aber mit Eigenheiten. Frauen kamen mit ihm besser zurecht als Männer, auf die er meist etwas aggressiv reagierte, "Sascha" war ein großer, schlanker Fuchswallach.

"Smoky", "Vesir" und "Felix" waren gegen diese Tiere ausgetauscht worden.

Zusätzlich vermehrte sich der Tierbestand um eine schwarze Zwergeselstute namens "Donkey" und einen kastrierten Zwergziegenbock namens "Johnny". Die beiden wurden ein unzertrennliches Team und liefen teilweise frei im Hof herum. "Johnny" mit seinen Hörnern schaute gefährlich aus, war aber in Wirklichkeit zahm. "Donkey" konnte sich mit ihren Hufen oder Zähnen gut zur Wehr setzten, falls ihr irgendwelche Hunde oder auch Menschen allzu sehr zur Last fielen.

Mit "Johnny" führte ich manchmal kleine Schaukämpfe auf. Diese waren durchdacht und niemandem geschah ein Leid.

Dazu nahm ich ihn bei den Hörnern und er versuchte mich wegzutauchen. Nun setzte ich seine Hörner bei meinem Knie an und er drückte fest dagegen. Dann ließ er nach, stellte sich auf seine Hinterbeine, stieß mit den Hörnern auf mich herab, bremste aber immer rechtzeitig ab und setzte dann wieder vorsichtig zum Drücken an meinen Händen oder meinem Knie an.

Wir hatten beide unseren Spaß und es sah sehr gefährlich aus, was es aber gar nicht war, da wir beide genau wussten, was wir taten. Es kam niemals zu irgendwelchen Verletzungen.

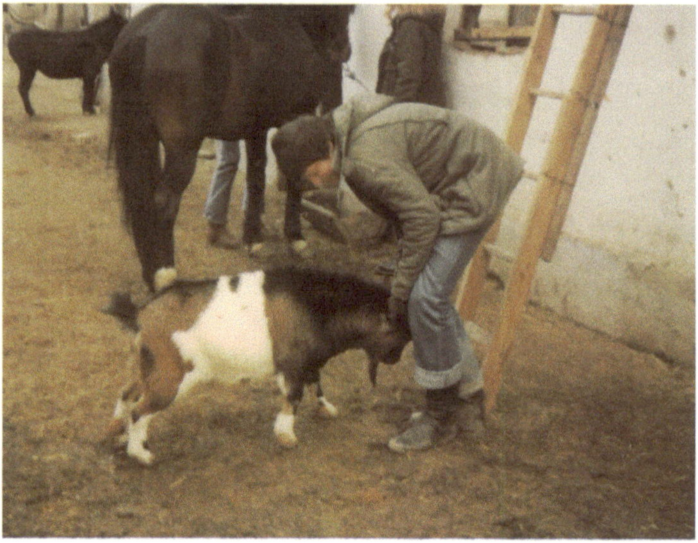

Johnny und ich, im Hintergrund Donkey 1980

Johnny 1980

Unberechenbar

Zu diesem Thema habe ich eine Geschichte, welche durchaus schlimm hätte enden können.

Eines schönen Tages erhielt ich den Auftrag, unseren "Sogor" von der Koppel zu holen, da er für eine Reitstunde benötigt wurde. Zu dem Zeitpunkt war er gemeinsam mit "Ares" auf der Koppel.

Beide waren sehr gute Freunde, das kommt bei Pferden oft vor. Also ging ich hinaus und nahm "Sogor" beim Halfter, wollte ihn hineinführen. Plötzlich hörte ich hinter mir ein unverkennbares Geräusch. Ich drehte mich um und sah "Ares" voller Zorn und Wut auf mich zu galoppieren. Er hatte die Ohren angelegt und wollte mich offensichtlich angreifen, da ich ihm seinen Freund entführen wollte. Ich ließ "Sogor" los und wollte vor "Ares" davonlaufen. Dabei stolperte ich und stürzte zu Boden. "Ares" war nicht mehr weit von mir entfernt und kam nach wie vor auf mich zu. Da ich auf dem Bauch lag, drehte ich mich um. Ich sah, wie "Ares" vor mir stieg und mich offenbar mit seinen Vorderhufen zertrampeln wollte. Ich rollte schnell zur Seite und das Pferd traf statt mir nur den Boden. Ich sprang auf, lief aus der Koppel, war in Sicherheit und holte einmal Luft. Das Ganze war in Sekunden abgelaufen.

Ich überdachte die Situation und war ausgesprochen zornig über diesen Vorfall. Dann schnappte ich mir ein Holzstück und ging zurück auf die Koppel. "Ares" hatte wohl gemerkt, dass er viel zu weit gegangen war und hatte nun vor mir Angst. Er flüchtete. Ich verfolgt ihn einige Zeit, erwischte ihn aber nicht.

Dann besann ich mich meiner Aufgabe, nahm "Sogor" beim Halfter und führte ihn unbehelligt in seinen Stall.

Solche Situationen zeigen wieder einmal, wie unberechenbar Tiere sein können. Mit "Ares" wurde ich übrigens niemals gut Freund.

Gendarmerieeinsatz

Im Juli 1979 kam es zu einigen turbulenten Vorfällen im Reitclub.

Nachdem immer wieder Bedarf an Pferdepflegepersonal bestand, entschloss sich mein Vater, einen Burschen zu engagieren.

Dieser junge Mann von 17 Jahren hieß Manfred und war als Halbwaise in einem Jugendheim untergebracht.

Außerdem suchte er nach einer Anstellung, für die er keine Ausbildung benötigte.

Die zuständige Betreuerin und mein Vater kamen überein, dass er der Arbeit als Pferdepfleger durchaus gewachsen sei und er nahm seine Tätigkeit auf.

Am Anfang funktionierte die Zusammenarbeit recht gut. Er erhielt den vereinbarten Lohn und hatte ein Zimmer im Reitclub.

Später kam es zu Schwierigkeiten, da Manfreds jüngerer Bruder von dessen Job erfahren hatte. Dieser hieß Josef, war 12 Jahre alt und lebte in einem anderen Jugendheim. Dort war er beurlaubt worden, um seine Mutter in Wien zu besuchen, hatte sich aber stattdessen im Reitclub bei Manfred versteckt und am Dachboden einquartiert. Der jüngere und schlauere Josef übte anscheinend einen schlechten Einfluss auf Manfred aus, deswegen waren sie auch getrennt untergebracht worden. Wir mussten uns dann von Manfred wegen einiger Unregelmäßigkeiten und Diebstählen trennen.

Eines Dienstags Morgen, es war der 17. 07. 1979, kamen wir in den Reitclub. Zwei Pferde mitsamt Sattel und Zaumzeug fehlten. Es waren "Sogor" und "Niko", die zwei bravsten Schulpferde. Auch gab es keine Nachricht diesbezüglich, wo sie sein konnten.

Mein Vater ging folgerichtig von einem Diebstahl aus und alarmierte die Gendarmerie.

Diese startete eine Alarmfahndung mit Hubschrauber und konnten die zwei Pferde in der Umgebung von Mollram bei Neunkirchen ausfindig machen.

Mein Vater führte meinen Bruder und mich zu den Tieren und diese ließen sich problemlos einfangen.

Leider waren die Zaumzeuge beschädigt, konnten aber von uns notdürftig repariert werden.

Mein Bruder Peter und ich machten uns daraufhin mit den Pferden auf den Weg zurück nach Katzelsdorf, was etwa zwei bis drei Stunden dauerte.

Spätere Recherchen ergaben, dass ein LKW-Fahrer die zwei Tiere am Morgen entdeckt hatte, diese hinten an seinem LKW angebunden hatte und langsam losgefahren war. Die beiden Pferde waren anfangs dem Lastwagen gefolgt, hatten sich später aber losgerissen.

Als Entführer wurden dann der ehemalige Pferdepfleger Manfred und dessen Bruder Josef identifiziert. Sie hatten eine Schwester in Neunkirchen und wollten diese anscheinend besuchen.

Das Problem war, dass beide keine Ahnung vom Reiten hatten und die Tiere irgendwann nicht mehr weiter wollten.

Daraufhin ließen sie die beiden Pferde am Straßenrand stehen und gingen zu Fuß weiter. Die weitere Suchaktion der Gendarmerie blieb ohne Ergebnis.

Manfred besuchte den Reitclub nochmals früh morgens am Mittwoch dem 18. 07. 1979, wobei er aber von seinem Nachfolger bemerkt wurde. Es kam zu einer Rangelei, einer Verfolgungsjagd und einer weiteren Suchaktion, welche abermals keinen Erfolg hatte.

Von den beiden Entführern fehlte zu diesem Zeitpunkt jede Spur. Am späten Nachmittag tauchten dann beide bei ihrer Mutter in Wien auf und wurden vom Stiefvater in die entsprechenden Jugendheime gebracht. Manfred wurde von dort dem Gendarmerieposten Katzelsdorf übergeben und weiter ins Kreisgerichtsgefängnis Wiener Neustadt überstellt.

NIEDERÖSTERREICH

KURIER

Unabhängige Tageszeitung für Österreich

Tel. 96 21/0 · Erscheinungsort Wien · P. b. b. · Verlagspostamt 1070 Wien
Lire 500,–, Dinar 10,–, Drachm. 25,–, Ptas 50,–, DM 1,–, sfr 1,–

Mittwoch, 18. Juli 1979 • Nr. 195 • S 4.–

Die Turnierpferde grasten seelenruhig in der Wiese, als man sie bei Neunkirchen auffand

Zeitungsausschnitte im Niederösterreich Kurier vom 18.07.1979, mit freundlicher Genehmigung Kurier mediaprint

Brüderpaar „sattelte" zwei Turnierpferde

Wildwesteinsatz in Niederösterreich: Nachdem Montag nacht aus einem Reitstall in Katzelsdorf bei Wiener Neustadt zwei Turnierpferde samt Sattel und Zaumzeug gestohlen worden waren, machte sich Dienstag sogar ein Hubschrauber auf die Jagd nach den Pferdedieben. Gefunden wurden bisher nur die beiden wertvollen Vierbeiner „Sogor" und „Niko". Sie waren von den Dieben am Straßenrand bei Mollram, nahe Neunkirchen, „abgestellt" worden.

Dringend der Tat verdächtigt werden zwei Brüder aus Wien-Donaustadt, der zwölfjährige Manfred und der 17jährige Josef Ch. Die Burschen kennen den Reitstall Rudolf Demelbauer in Katzelsdorf von früheren Besuchen. Sie dürften in der Nacht eingebrochen haben und die beiden Wallache, acht und zwölf Jahre alt, aus den Boxen geholt haben.

Dienstag mittag standen die beiden Pferde, zusammen rund 100.000 Schilling wert, friedlich grasend am Straßenrand und ließen sich einfangen. Die beiden nächtlichen Reiter aber waren verschwunden.

Bild: Reinhard Judt

Per Hubschrauber auf Suche nach den Pferden: Von Erfolg gekrönt

Zeitungsausschnitt im Niederösterreich Kurier vom 18.07.1979, mit freundlicher Genehmigung Kurier mediaprint

Reiterpass und Reiternadel

Im April 1980 war es soweit. Im Reitclub wurde eine Reiterpass- und Reiternadel-Prüfung durchgeführt.

Ich fühlte mich dazu imstande und bereitete mich auf die Reiternadel - die schwerere von beiden - vor. Damit erhielt man zusätzlich den Reiterpass. Dazu musste eine bestimmte Dressurprüfung selbstständig geritten werden, die theoretischen Kenntnisse wurden im Rahmen der Vorführung eines Pferdes geprüft und als Abschluss musste eine Geländestrecke eigenständig abgeritten werden. Jeder konnte sich ein bestimmtes Pferd für die Prüfung aussuchen und diese wurde von einem Richter des Verbandes abgenommen.

Als Prüfungspferd wählte ich den bekannten "Tommy", den ich bereits sehr gut im Griff hatte.

Die Vorbereitung nahm einige Zeit in Anspruch, besonders die Dressurprüfung war sehr wichtig. Die Kriterien waren exakte Wendungen, Gangartänderungen und im Speziellen war gefordert, das Reittier bei einem bestimmten Punkt des Viereckes rückwärtszurichten. Das bedeutet, das Pferd musste durch Hilfeneinwirkung dazu gebracht werden, rückwärts zu gehen, und zwar gerade zurück. Manche Pferde machen dies problemlos, andere wieder wollen oder können das nicht. Bei meinem "Tommy" war das nicht so eindeutig. Manchmal funktionierte es, dann wieder nicht.

Das Vorführen war recht gut zu üben, und die Geländestrecke war eine bekannte Route im Auwald der Leitha mit einigen Naturhindernissen und Wasserdurchquerungen. Eine davon war recht spektakulär, da sie durch eine tiefe, ziemlich schnell fließende Furt gleich nach einer Wehr des Kehrbaches führte, allen unseren Pferden wohlbekannt. Der zuständige Richter war ziemlich beeindruckt davon und sah die Durchquerung dieser Furt als nicht so selbstverständlich an.

Die Dressurprüfung verlief ausgezeichnet. "Tommy" und ich erhielten sogar eine bessere Note als notwendig, da das Rückwärtsrichten sehr gut funktionierte und mein "Tommy" sogar am Zügel ging, was an und für sich gar nicht notwendig gewesen wäre. Das erkennt man an einer bestimmten Kopfhaltung des Tieres, es reagiert dann besser auf die Hilfengebung und ist entspannter und exakter in der Bewegung.

Die Vorstellung des Pferdes mit der theoretischen Prüfung und das Abreiten der Geländestrecke war kein Problem und am Ende des Tages war ich stolzer Besitzer des Reiterpasses und der Reiternadel.

Tommy und ich nach der Dressurprüfung 1980

Abenteuer mit Achmed

In der nachfolgenden Zeit kam es oft dazu, dass ich Ausritte mit Reitschülern zu machen hatte.

Als Pferd für diese Gelegenheiten wählte ich mir oft unseren Hengst "Achmed", da er für Reitanfänger eher ungeeignet und nicht sonderlich beliebt war und somit als Einziger für mich übrigblieb.

Als Hengst hatte er ein hoch ausgeprägtes Imponiergehabe, was dazu führte, dass er für alle möglichen spektakulären Einlagen geradezu prädestiniert war.

Unter anderem hatten mein Bruder Peter und ich ihm beigebracht, dass er durch bestimmte Hilfengebung und oft auch von selbst aus purem Übermut eine "Levade" machte. Er "stieg", mit uns auf seinem Rücken, auf seinen Hinterbeinen stehend und mit seinem Vorderbeinen in der Luft herumwirbelnd, manchmal mit lautem Wiehern.

Sozusagen "Hier bin ich, schaut mich alle an, wie großartig ich bin".

Das Ganze war sehr eindrucksvoll und beeindruckend. Man musste dabei nur auf sein Gleichgewicht achten, damit man nicht herunterfiel, was weniger spektakulär gewesen wäre.

Der Eindruck auf die nachfolgende Reitergruppe war phänomenal.

Für einen Teenager wie mich war das natürlich auch eine Form der Selbstdarstellung.

Eines Tages an einem Sonntag war ich mit einer Reitergruppe im Auwald unterwegs, wieder mit "Achmed".

Nachdem die Gruppe aus eher fortgeschrittenen Reitern bestand, kamen wir überein, die quer durch den Wald führende Hindernisstrecke zu durchreiten, und zwar Einzeln. Treffpunkt war eine größere Wiese am Ende der Sprungstrecke.

Das Ganze hat den Sinn, die Pferde, welche ja Herdentiere sind, voneinander zu trennen, was gar nicht so einfach ist. Sie laufen ja grundsätzlich eines hinter dem anderen nach. Damit können sich die Reiter nicht auf den Führenden verlassen und müssen selbst die Verantwortung für ihr Pferd übernehmen.

Ich wartete bis zum Schluss und ritt dann als letzter.

Mein Freund "Achmed" war nicht sehr begeistert, er war ja sozusagen der Anführer der Herde und plötzlich war keiner mehr da. Das war jetzt sein Problem. Wie sich später herausstellte, doch auch meines.

Nachdem wir die meisten Hindernisse gut überwunden hatten, kamen wir beide gegen Ende der Strecke auf einen Fahrweg, von dem man eine gute Sicht auf die Wiese hatte, wo die anderen Reiter und Pferde bereits auf mich warteten.

Mein Reittier "Achmed" konnte seine Herde natürlich gut sehen und war dadurch etwas abgelenkt. Die Hindernisstrecke war aber keinesfalls zu Ende. Auf der anderen Seite des Fahrweges war noch ein umgefallener Baum, der zu überspringen war.

"Achmed" in seiner übermäßigen Freude übersah den Baumstamm und stolperte darüber. Er knickte mit den Vorderbeinen um und kam dabei zu Sturz.

Ich konnte mich nicht mehr auf seinem Rücken halten und stürzte mit dem Gesicht voran auf den Boden, wo sich relativ weiches Erdreich befand.

Der Erfolg: meine rechte Gesichtshälfte war aufgeschunden und voller Erde. Die Nase war zerkratzt, aber die Augen waren unverletzt.

Meinem Pferd war nichts passiert. Er sprang auf und lief zu den anderen Tieren.

Ich stand auf und befühlte mein Gesicht. Das Ganze tat ziemlich weh, aber sehen konnte ich den Schaden noch nicht. Nebenan befand sich der Fluss Leitha. Ich ging hinüber und wusch mir erst mal das Gesicht mit dem durchaus nicht sauberen Flusswasser ab.

Dann ging ich zur Reitergruppe, um mein Pferd wieder einzufangen.

Die anderen Reiter sahen mich ziemlich erschrocken an. Trotzdem musste der Ritt fortgesetzt werden, der Weg in den Stall war nicht mehr weit. Dort angekommen konnte ich mein Gesicht im Spiegel betrachten. Sah nicht besonders gut aus.

Nach erfolgter Reinigung mit sauberem Wasser betrachtete sich mein Vater die Verletzungen und suchte nach einer Heilsalbe. Er fand eine Tube und strich mir die Salbe auf meine offenen Schürfwunden. Leider hatte er die Beschreibung nicht genau beachtet. Es handelte sich dabei um eine Rheumasalbe!!!

Im ersten Moment glaubte ich, mein Gesicht würde in Flammen stehen. Die Tränen rannen aus meinen Augen. Infolge meiner offensichtlichen Reaktion kontrollierte er nun doch, was er mir da verabreicht hatte und war deswegen ziemlich betroffen.

Nichtsdestotrotz war die Behandlung zwar extrem schmerzhaft, aber durchaus effektiv, da die erhöhte Durchblutung den Heilungsprozess förderte.

Meine Mutter war, als wir nach Hause kamen, natürlich äußerst schockiert über mein Aussehen. Der nächste Tag war ein Schultag und die Klassenkameraden mussten sich mit der Erklärung zufriedengeben, dass ich mit dem Pferd gestürzt war.

Die Schürfwunden heilten ausgesprochen schnell ab und nach einigen Tagen war nichts mehr davon zu sehen.

Unerwartete Ereignisse

Im Sommer 1980 geschahen zwei unerwartete freudige Ereignisse. Zwei Fohlen kamen zur Welt!

Es wurden Stutfohlen, eines bekam den Namen "Sandy" von der Schimmelstute "Selima", das andere wurde "Karina" genannt von der Rappstute "Cora".

In beiden Fällen war mit Sicherheit "Achmed" der Vater, da sich zu dieser Zeit kein anderer Hengst im Stall befand.

Dazu bedarf es einer Erläuterung: Einige von unseren Pferden wurden immer wieder am Morgen frei im Stall laufend vorgefunden.

Aus Platzgründen wurden die meisten Schulpferde in Ständen gehalten. Dort waren die Pferde angebunden. Heute ist das aus Gründen des Tierschutzes nicht mehr möglich. Tagsüber wurden sie meistens sowieso geritten oder auf die Koppel gelassen, wo sie sich frei bewegen konnten. Zum Ausmisten war es auch viel einfacher, wenn sich die Tiere nicht im Stand oder in der Box befanden.

Manche Tiere waren befreiungstechnisch geradezu hochbegabt. "Sogor" zum Beispiel war sozusagen der "Houdini" unter den Pferden. Er war durchaus in der Lage, sich aus einem normal geschlossenen Halfter zu befreien und in der Nacht seiner eigenen Wege innerhalb des Hofes zu gehen. Deshalb musste er mit einem zusätzlichen Halsriemen angebunden werden, aus dem er sich nicht so leicht befreien konnte.

Die Boxen, in denen sich die Pferde auf kleinem Raum frei bewegen konnten, waren eher den Einstellpferden vorbehalten. Manchmal kam es auch vor, dass sich die Pferde aus den Boxen befreiten. Sie hatten in der Nacht viel Zeit, sich mit den Riegeln an der Außenseite der Türe zu beschäftigen. Diese waren meist noch zusätzlich gesichert, aber Pferde können mit ihrem Maul oft unglaubliche Dinge zustande bringen.

Indem er sich dermaßen aus seiner Box befreite, war es wahrscheinlich dem guten "Achmed" gelungen, die zwei Stuten zu decken. Möglicherweise war zumindest "Cora" doch bewusst mit dem Hengst zusammengeführt worden, was sich zum jetzigen Zeitpunkt allerdings nicht mehr eruieren lässt. Bei "Selima" war die Geburt, soweit mir das bekannt ist, unerwartet.

Stuten werden in der Trächtigkeit recht dick, aber da unsere Pferde immer sehr gut genährt waren, fiel uns diese Gewichtszunahme nicht auf.

Pferde sind etwa elf Monate trächtig und die Fohlen können bereits wenige Stunden nach der Geburt aufstehen und selbstständig gehen. Dieser Umstand kommt ihnen in der freien Natur zugute, da sie Fluchttiere sind und gegebenenfalls vor Raubtieren davonlaufen müssen.

Nun zu den neugeborenen Fohlen. "Sandy" war bei der Geburt schwarz und "Karina" ein wunderschöner Grauschimmel.

Die ziemlich robuste "Karina" wuchs mir in der Folge sehr ans Herz und ich beschäftigte mich sowohl mit dem Fohlen als auch mit der Mutter recht intensiv.

Die Mutter "Cora" war ein Problempferd. Sie sah sehr "arabisch" aus, sowohl durch die Kopfform, den Körperbau, als auch vom Temperament her. Dann war dieses Tier noch nervös und sehr schnell. Außerdem war sie ungewöhnlich kitzlig, mitunter bissig und hat manchmal ausgeschlagen.

Der einzige Weg, ihr Vertrauen zu gewinnen, war - meiner Meinung nach - sich intensiv mit dem Pferd auseinanderzusetzen und dabei keine Gewalt anzuwenden.

Es war bisher nicht möglich gewesen, auf der Hinterhand die Hufe auszuputzen, diese auszuschneiden oder gar zu beschlagen, da sie dabei aufgrund ihrer Kitzligkeit sofort ausschlug oder zubiss.

Nun, da ich mich regelmäßig mit den beiden auseinandersetzte, beide putzte, fütterte und auch mit beiden ausritt, wobei das Fohlen der Mutter selbstständig folgte, gelang es mir, das Vertrauen von beiden zu gewinnen. Nach einiger Zeit war es mir erstmals möglich, die Hinterhufe von "Cora" aufzuheben, was bis jetzt noch niemandem gelungen war.

Eigentlich war es meine Absicht, dass das Fohlen mein Pferd werden würde, doch leider kam es anders als gedacht.

Nach einem halben Jahr werden die Fohlen von den Müttern getrennt und müssen dann mehr oder weniger alleine zurechtkommen. Ebenso geschah es nun mit "Sandy" und

"Karina". Beide Fohlen wurden dann verkauft. Sehr zu meinem Leidwesen!

Selima mit Sandy

Cora mit Karina

Ein gefährlicher Ausritt

Eines schönen Wochenendes während der warmen Jahreszeit fand ein größerer Tagesritt statt.

Er wurde von meinem Vater angeführt und ging nach Gleißenfeld zu einem befreundeten Reitclub.

Es war geplant, am Vormittag hinzureiten, dort über Mittag zu pausieren und uns am Nachmittag wieder zurück nach Katzelsdorf zu begeben.

Ich konnte mich an diesem Ausritt beteiligen, weil der Schimmelwallach "Don" von keinem anderen benötigt wurde.

Mein Vater besaß ausgesprochen genaue Karten der Gegend und wollte bei dieser Gelegenheit einen neuen Weg ausprobieren, um nach Gleißenfeld zu gelangen.

Die Idee dabei war, Asphaltstraßen nach Möglichkeit zu vermeiden - da auf diesen nur im Schritt geritten werden konnte - um die Beine der Pferde zu schonen.

Der Weg führte in der Gegend von Pitten auf einen kleinen Berg. Dort gab es laut Karte einen Wanderweg, der in südlicher Richtung weiter nach Sautern, Schiltern und Gleißenfeld führte.

Dieser entpuppte sich als eine Art Fußpfad, der durch den dort allgegenwärtigen Wald führte, wobei es auf der linken Seite des Pfades steil bergauf und auf der rechten Seite steil bergab ging.

Umkehrmöglichkeit gab es keine, da der Pfad nur etwa einen Meter breit war. Das wäre für eine Gruppe von etwa 10 Pferden auch kaum machbar gewesen.

Plötzlich öffnete sich der Wald und vor uns lag eine Brücke über einer tief ausgeschnittenen Schneise. Diese Brücke war kaum einen Meter breit, eine Metallkonstruktion mit Holzboden und einem etwa 1,2 Meter hohem Metallgeländer.

Die Schneise fiel rechts der Brücke direkt auf eine Asphaltstraße ab. Jenseits der Straße befindet sich die Papierfabrik "Hamburger".

Umzukehren war nicht möglich. Absteigen war nicht machbar, da die Breite des Weges gerade für das Pferd ausreichte. Es blieb also nichts anderes übrig, als die Brücke zu überqueren. Eine höchst gefährliche Angelegenheit. Ein Tier brauchte nur zu scheuen und sowohl Reiter als auch Pferd würden in die Tiefe stürzen, etwas über 100 Meter ohne Bewuchs und einer Asphaltstraße am Schluss.

Ich war der Letzte der Gruppe, alle anderen hatten die Brücke bereits hinter sich gebracht und nur mehr ich hatte sie vor mir.

Mein Pferd "Don" war sehr ruhig, betrat die Brücke mit Bedacht. Im Vertrauen auf mein Pferd ließ ich "Don" ohne irgendwelche Hilfengebung über die Gefahrenstelle gehen. Plötzlich hörte ich ein Knacken unter mir. Eines der Bretter war unter der Last des Tieres und meiner Person gebrochen!

"Don" zog seinen Huf zurück und setzte ihn weiter vorn wieder auf. Wir konnten die etwa 5 bis 10 Meter lange Brücke ohne Unfall überqueren!

Auf der anderen Seite begann wiederum der bewaldete Fußpfad und führte vom Berg ins Tal zurück.

Dieser Weg ist wohl für zu Fuß gehende Wanderer geeignet, für Reiter zu Pferde allerdings keinesfalls zu empfehlen.

Alle erreichten Gleißenfeld vor der Mittagszeit und waren über den glücklichen Ausgang des Abenteuers erfreut.

Beim Rückweg nach Katzelsdorf nahmen wir einen anderen Weg, welcher keine gefährlichen Situationen in sich barg.

Neue Pferde

Es war so um das Jahr 1980, als einige neue Tiere für den Reitclub angeschafft wurden.

Zwei davon möchte ich besonders erwähnen:

Beim Ersten handelte es sich um den Angloaraber Vollbluthengst "Loki", ein damals etwa 4-jähriger Rappe, der für die Rennbahn trainiert worden war. Dessen Besitzer, ein Ehepaar, ließen sich aber scheiden und mussten das Pferd daraufhin verkaufen. Diese Details waren vom Pferdehändler zu erfahren gewesen.

"Loki" war ein schnelles und spritziges Pferd, noch dazu ein Hengst, für den Reitsport noch auszubilden und damals ziemlich wild und ungezähmt. Kurz gesagt: Ein Traum für einen erfahrenen Reiter.

Mein Bruder Peter kümmerte sich in der Folge um "Loki", am Anfang mit Unterstützung unseres Vaters, später dann hauptsächlich alleine. "Loki" wurde dann tatsächlich auch sein Pferd und das für eine sehr lange Zeit.

Offizielle Papiere hatte das Pferd keine. Diese waren nicht mit verkauft worden, der Hengst war aber eindeutig als Vollblüter einzuordnen. Er war deutlich ausdauernder als alle anderen Pferde im Stall, hatte sehr gute Anlagen für den Springsport und auch für die Dressur. Die Lebenserwartung eines Vollblüters liegt deutlich über der eines normalen Warmblutpferdes, bei dem irgendwann einmal in der Abstammung ein Vollblüter beteiligt war.

Achmed (links) und Loki beim "Spielen", Katzelsdorf

Das zweite Pferd war ein großer Brauner, ein Warmblutwallach, der für einen Reitschüler aus Wien, einen Geschäftsmann, angeschafft wurde. Genannt wurde er "Tröllimöd", was angeblich "Bierbauch" bedeutet. In Wirklichkeit hatte dieses Tier keine wie auch immer geartete Ähnlichkeit mit seinem Namen.

Er war im Gegenteil recht schlank mit langen Beinen. Außerdem war er sehr kopfscheu, hat gebissen und gelegentlich ausgeschlagen, wenn er sich bedroht gefühlt hat.

Dieses Pferd war wieder einmal ein Fall für mich. Im Laufe der Zeit gewann ich ein gewisses Vertrauen bei "Tröllimöd", wieder mit viel Ruhe, Zuwendung, Geduld und ohne jede Gewalt.

Sein Besitzer kam hauptsächlich am Wochenende und fand auch mit jedem Besuch ein etwas zugänglicheres Pferd vor, was für mich als hauptsächlichem Betreuer des Tieres eine durchaus willkommene Aufbesserung meines geringen Taschengeldes bewirkte.

Leider war es wieder einmal nicht wirklich mein Pferd, um das ich mich da kümmerte.

Nichtsdestotrotz nahm ich mit "Tröllimöd" an meinem ersten und eigentlich auch einzigen Turnier teil. Der gute "Tröllimöd" war, wenn man von seinen sonstigen Eigenheiten absieht, ein sehr gutes Spring- und Dressurpferd.

Bei dem Turnier handelte es sich um ein sogenanntes Geschicklichkeitsturnier in Lichtenwörth, für das man keine Turnierlizenz oder Bronzenes Reitabzeichen benötigte. Die Geschicklichkeit, welche man haben musste, manifestierte sich in Form eines "Schnürlvorhanges". Zwei aufrecht stehende Balken mit einem Balken quer darüber, woran viele bunte Plastikbänder befestigt waren, welche bis zum Boden reichten. Diesen hatte man zu durchreiten. Weiters bestand der Parcours aus etlichen Sprunghindernissen.

Am Morgen ritten wir, eine größere Gruppe, los und erreichten den Turnierplatz in Lichtenwörth rechtzeitig. Ich war mit "Tröllimöd" in der Sparte der Senioren und auch bei den Junioren genannt. Ebenfalls dabei waren mein Bruder Peter und einige andere Reitschüler.

Ich begab mich zum Start der Senioren und begann den Parcours, der seitens der Sprünge kein wirkliches Problem für mein Pferd und mich darstellte. Lediglich der Schnürlvorhang stellte für mein Tier eine Schwierigkeit dar, der "Tröllimöd" und auch ich nicht gewachsen waren. So etwas hatten wir beide noch nicht ausprobiert. Ergebnis war eine Verweigerung mit Umreitung des Hindernisses.

Trotzdem war ich mit einer guten Zeit und keinen sonstigen Fehlern in der Endwertung am 2. Platz gereiht, gleich nach dem Reitlehrer von Lichtenwörth, der auf seinem eigenen Parcours natürlich keine Probleme mit dem Schnürlvorhang hatte. Gleich nach mir erreichte mein Bruder Peter den 3. Platz.

Nach diesem für mich großartigen Erfolg beschloss ich, meine Meldung für den Start bei den Jugendlichen zurückzuziehen. Als Preis erhielt ich einen Pokal, den ich heute noch besitze. Ich überließ "Tröllimöd" meinem Bruder für den Jugendbewerb, den er dann mit ihm gewann.

Tröllimöd mit meinem Bruder Peter u. A. in Lichtenwörth

Der Besitzer des Tieres hat später im Reitclub eine Frau kennengelernt, die beiden haben geheiratet und in Folge den Stall mit dem Pferd verlassen. Die Anreise von Wien war ihnen auf Dauer zu weit. Sie übersiedelten mit "Tröllimöd" in einen anderen Reitclub in geringerer Entfernung zu ihrem Wohnort.

Leider habe ich dadurch den Kontakt zu dem Pferd verloren und mir ist sein weiteres Schicksal nicht bekannt.

Ein folgenschwerer Zwischenfall

An einem Wochenende, als wir morgens in den Stall kamen, machten wir eine schlimme Entdeckung.

Eines der Pferde, der Schimmelwallach "Don", stand schwer verletzt im Stadel. Er hatte Bisswunden am ganzen Körper und hatte sich losgerissen. An seinem Halfter hing noch der Anbindestrick.

Der Hengst "Achmed" war in der Nacht wieder einmal freigekommen und in den Stall gelangt, in dem "Don" angehängt war.

"Achmed" war anscheinend über den großen "Don" hergefallen, welcher sich nicht zur Wehr setzen konnte, da er angebunden war. Er hatte das arme Tier übel zugerichtet, bis sich "Don" mit einer gewaltigen Kraftanstrengung befreien konnte. Er hatte den Haken, an dem er angebunden war, aus dem Balken, an dem dieser befestigt war, ausgerissen und war dann vor dem Angreifer geflüchtet. Dieser ließ danach von ihm ab und verfolgt ihn nicht weiter.

Nach einer ersten Versorgung der Wunden wurde ein Tierarzt verständigt, da einige Verletzungen genäht werden mussten.

Diese schreckliche Nacht hatte "Don" sehr stark verändert. Er war danach nicht mehr der Selbe wie vorher.

Außerdem dauerte es einen längeren Zeitraum, bis die Verletzungen verheilt waren und "Don" wieder einen Sattel, Zaumzeug und Reiter tragen konnte.

Auch für "Achmed" hatte diese Tat in Folge schwerwiegende Konsequenzen.

Mein Vater beschloss, ihn kastrieren zu lassen, da er als Hengst für den Schulbetrieb sowieso nicht zu verwenden war und den armen "Don" so übel zugerichtet hatte.

Ich persönlich war dabei anwesend, da ich so etwas vorher noch nie gesehen hatte. Im Nachhinein betrachtet wäre es mir fast lieber gewesen, ich hätte es nicht mit verfolgt.

Es war eine blutige Angelegenheit. Der Hengst tat mir furchtbar leid und ich beschloss, sollte ich jemals einen Hengst besitzen, würde ich das dem Tier sicher nicht antun. Diesem Beschluss bin ich treu geblieben.

Ich bin der Ansicht, dass es nicht sinnvoll war, "Achmed" zu kastrieren, da er bereits zu alt dafür war. Einen jungen, noch nicht geschlechtsreifen Hengst kann man dadurch in einem Maße charakterlich verändern, dass er nicht mehr so unberechenbar ist und von seinen Trieben beherrscht wird. Bei einem erwachsenen Hengst ist es sehr unwahrscheinlich, dass dies noch durch eine derartige grausame Tat bewirkt wird. Außerdem bin ich der Ansicht: Füge niemandem (auch keinem Tier) etwas zu, was du nicht willst, das man es dir zufügt.

Tod im Auwald

Der Titel dieses Kapitels klingt sehr dramatisch und die zugrunde liegende Geschichte verdient auch dieses Attribut.

An einem schönen Samstagnachmittag war ich mit einer umfangreichen Gruppe im Auwald der Leitha in Richtung Neudörfl unterwegs.

Ich weiß nicht mehr, mit welchem Pferd ich damals geritten bin, das tut auch nichts zur Sache.

Mit dabei war ein junger Mann mit dem Schimmelwallach "Don".

Das Pferd hatte sich von seinen Verletzungen inzwischen gänzlich erholt und war wieder für den Reitbetrieb zu verwenden. Er hatte sich allerdings im seelischen Zustand wesentlich verändert.

Da ich mich vor und nach dem Vorfall mit diesem Pferd auseinandergesetzt hatte, konnte ich die Veränderungen gut erkennen.

Er war wesentlich vorsichtiger, ruhiger und manchmal auch ängstlicher als vorher.

Wir galoppierten im Auwald auf einem oft benutzten Weg, ich voran und die Gruppe hinter mir. Alle recht erfahrene Reiter.

Plötzlich hörte ich hinter mir einen lauten Ruf, drehte mich um und sah gerade noch, wie eines der Pferde stürzte. Ich hielt mein Tier so schnell es ging an und kehrte um.

Dort lag "Don" seitlich auf dem Boden und bewegte sich nicht mehr.

Sein Reiter war seitlich vom Pferd geschleudert worden, stand schon wieder und hatte sich nicht verletzt.

Aber das Tier! Es machte keine Bewegung mehr, keine Atmung war zu erkennen. Plötzlich mitten im Lauf umgefallen und tot!

Der Reiter von "Don" war im wahrsten Sinne des Wortes erschüttert!

Die anderen Reiter konnten auch nicht wirklich helfen und kehrten um zum Reitclub.

Ich überließ mein Pferd dem jungen Mann, welcher damit zum Stall zurückritt. Ich verblieb beim Kadaver des Tieres, bis mich jemand abholen käme.

Meine Aufgabe dort war es, eventuelle Spaziergänger abzuhalten, sich mit dem toten Pferd auseinanderzusetzen, das da mitten im Leitha-Auwald lag.

Da in der kurzen Zeit bis zur Dämmerung keine Möglichkeit zum Abtransport des Kadavers bestand, musste dieser bis zum Morgen dort liegen bleiben.

Am Sonntagmorgen war ich dann bei der Entfernung des Tieres dabei. Dies geschah mit Traktor, Seilwinde und Anhänger.

Nachdem der Körper aufgeladen war, wurde er abtransportiert und der Tierkörperverwertung zugeführt.

Ritt Hochwechsel

Im Sommer 1981 wurden zwei Langstreckenritte geplant. Der Erste davon war als Dreitagesritt geplant und führte auf den Hochwechsel.

Die Etappe zu Beginn ging von Katzelsdorf bis nach Grimmenstein, die nächste von Grimmenstein auf den Hochwechsel, im Besonderen zur Feistritzer und Steyersberger Schwaig. Auf der einen wurden die Pferde untergebracht und auf der anderen die Reiter.

Nahe Grimmenstein wurden die Pferde in einem leer stehenden Bauernhof untergestellt, die Reiter hingegen bei der Familie einer Reitschülerin, die den Ausritt mitmachte.

Bei diesem Ritt war ich nur insofern beteiligt, dass ich zum Tross gehörte, der die Dinge, welche die Reiter nicht bei sich führen konnten, mit dem Auto nachbrachte. Auch trafen wir die Reitergruppe bei festgelegten Zwischenhalten, falls diese irgendetwas benötigten.

Da wir mit dem Auto natürlich schneller waren, konnten wir bei den Vorbereitungen helfen, bevor die Reiter an der Zwischen- und Endstation eintrafen.

Ein weiterer Grund war auch, dass für mich kein Pferd zur Verfügung stand, da alle für dieses Ereignis vergeben waren.

In Grimmenstein empfingen wir die Reitergruppe am dortigen Bauernhof und halfen bei der Versorgung der Tiere.

Danach ging es zur Familie unserer Mitreiterin, wo eine Grillparty zum Anlass dieses Ereignisses gefeiert wurde.

Dort ging es recht lustig zu, da die beteiligten Reiter aufgrund der nicht so langen Etappe in einem guten Zustand waren (die Pferde übrigens auch).

Am nächsten Morgen ging es zu den Pferden, diese wurden versorgt und die nächste Etappe in Angriff genommen.

Diese verlief ähnlich wie jene am ersten Tag, mit dem Unterschied, dass es einige Höhenmeter mehr zu bewältigen gab, welche den Pferden und Reitern etwas mehr abverlangte.

Auch war die Unterbringung und Verpflegung in der recht ursprünglichen Schwaig ziemlich einfach. Als Abendmahlzeit gab es laut Schilderung der Beteiligten Speck und Brot, wobei diese von bestimmten, nicht näher definierten Lebewesen bevölkert waren.

Darum wurden von den Reitern die mitgebrachten Speisen bevorzugt.

Ritt Hochwechsel 1981, Grimmenstein Pferdeunterkunft

Am dritten Tage ging es frühmorgens die ganze Strecke zurück. Da es sich um bergabführende Wege handelte, waren diese vom Kraftaufwand der Pferde einfacher zu bewältigen.

Am späten Nachmittag trafen die dennoch erschöpften Tiere und Reiter in Katzelsdorf ein.

Das Wetter war für diesen Event hervorragend gewesen, mit Sonnenschein und erträglichen Temperaturen.

Die Tiere und ihre Reiter waren, abgesehen von leichten Ermüdungserscheinungen, in guter Verfassung. Es war zu keinen Un- oder anderen Vorfällen gekommen.

Kurz gesagt: Ein gelungener Ausritt.

Ritt Nikitsch

Im selben Jahr wurde ein weiterer Mehrtagesritt durchgeführt, und zwar zum Kastell von Nikitsch im mittleren Burgenland, nahe der ungarischen Grenze.

Mein Vater war dem Eigentümer im Rahmen seiner beruflichen Tätigkeit als Futtermeister des Reitausbildungszuges der Theresianischen Militärakademie in Wiener Neustadt begegnet.

Der Besitzer des Kastells war zur damaligen Zeit Heinrich Zichy-Meskó[1], ein Adeliger ungarischer Abstammung, welcher auch die zum Kastell gehörende Landwirtschaft betrieb.

Mein Vater erzählte dem Grafen im Laufe der Gespräche von seinem Reitclub. Daraufhin wurde er vom Herrn des Kastells eingeladen, doch mit den Pferden einmal vorbeizukommen. Am besten zum geplanten Sommerfest. Platz für Pferde und Reiter gab es genug in den alten Stallungen des Gutshofes und auch im Kastell.

Im Rahmen der Verhandlungen über die Futterlieferungen für den Reitausbildungszug war es angeblich zu folgender Situation gekommen:

Nach den Gesprächen über die Lieferbedingung für das Futter wurde mein Vater vom Grafen zum Auto zurückbegleitet. Dabei kamen beide durch die Einfahrt des Kastells. Dort standen einige alte Karronaden (kleine Kanonen).

Nun fragte mein Vater, was der Herr Graf mit den alten Dingern denn machen wolle. Dieser gab zur Antwort, dass er die Kanonen nicht mehr benötige. Wenn er eine haben wolle, könne er sie mitnehmen. Er müsse diese aber aufheben und bis zum Auto tragen können.

Mein Vater, solchen Späßen nicht abgeneigt, schnappte sich eine solche kleine, aber doch recht schwere Kanone, trug diese bis zu seinem Auto und verlud sie in den Kofferraum.

Der Herr Graf war über seine Leistung äußerst erstaunt und ließ ihn gewähren, da er selber dieses Angebot gemacht hatte.

Zu dieser Geschichte möchte ich erklären, dass ich sie so von meinem Vater erzählt bekommen habe. Ich selbst war nicht dabei und kann mich für ihren Inhalt nicht verbürgen. Allerdings gefällt sie mir sehr gut und charakterisiert meinen Vater recht treffend, der in seinem Leben viel erlebt hatte und gern darüber erzählte.

Ich weiß nicht, was mit dieser Kanone geschehen ist. Wahrscheinlich ist sie in der Militärakademie in einem Kasino als Dekoration gelandet.

Nun möchte ich über den Ausritt berichten.

An diesem war ich derart beteiligt, dass ich den Abschnitt von Katzelsdorf bis Nikitsch mit dem Hengst "Loki" zurücklegte. Die Entfernung war etwa fünfzig Kilometer und konnte in einem Tag zurückgelegt werden. Mein Bruder Peter unternahm dann den Ritt zurück nach Katzelsdorf.

Dieser Ritt nach Nikitsch war insofern bemerkenswert, da es fast die ganze Zeit regnete. Wenn man einen ganzen Tag mit dem Pferd unterwegs ist, hilft bei anhaltendem Regen auch die beste Schutzkleidung nicht mehr. Alle Teilnehmer mitsamt den Pferden waren vollkommen durchnässt.

Kurze Zeit vor Erreichen des Ziels durchbrach dann die Sonne die Wolken und so konnten die Pferde und Reiter doch noch ein bisschen trocken werden.

Im Gutshof des Kastells angekommen wurden wir bereits vom Tross erwartet. Die Pferde waren bald in den Stallungen versorgt. Sättel und Zaumzeuge wurden zum Trocknen verwahrt, der Herr Graf kam mit einem Traktor vorbei und zeigte uns seine Liegenschaft.

Der Gutshof selbst wurde nicht mehr bewohnt oder bewirtschaftet und bot sich etwas verwildert dar. Im daneben liegende Kastell lebten der Graf und seine Familie, dieses war in einem besseren Zustand.

Außerdem waren die Vorbereitungen für das Sommerfest bereits angelaufen, zu dem unsere Reitergruppe auch eingeladen war.

Es spielte eine örtliche Tamburizza-Gruppe auf, es gab ein Buffet und zahlreiche Gäste aus der Ortschaft und auch von weiter her waren dabei. Das Fest war sehr gut und ansprechend organisiert.

Ich persönlich blieb nicht in Nikitsch, sondern wurde zurück nach Katzelsdorf gebracht, wo noch die zurückgebliebenen Tiere versorgt werden mussten.

Am darauffolgenden Tag wurde den Pferden und Reitern eine Pause gegönnt und am dritten Tag ging es dann wieder zurück. Diesmal hatte das Wetter ein Einsehen und es wurde ein sonniger Ritt. Ich war aber nur bei der Verabschiedung in Nikitsch dabei, da mein Bruder diesen Abschnitt absolvierte.

Zum Nikitscher Kastell will ich noch erwähnen, dass es etliche Jahre später vom Eigentümer verkauft wurde und inzwischen vom neuen Besitzer renoviert worden ist[2].

Kastell Nikitsch 1981

Moderner Fünfkampf

In dieser beschriebenen Zeit fanden auf dem Gelände der Militärakademie Wiener Neustadt mehrmals die Österreichischen Meisterschaften im Modernen Fünfkampf statt.

Dabei wurden Bewerbe im Fechten, Laufen, Schwimmen, Schießen und Reiten ausgetragen.

Speziell beim Reiten war dabei ein Hindernisparcours zu bewältigen, und zwar mit einem ausgelosten Pferd, welches der Reiterin oder dem Reiter nicht bekannt war. Es blieben vor Beginn der Prüfung lediglich zwanzig Minuten Zeit, um einander kennenzulernen.

Die Pferde dazu wurden vom Reitausbildungszug Wiener Neustadt zur Verfügung gestellt.

Da aber manchmal nicht genug Pferde für die Athleten zur Verfügung standen, wurde anderweitig Ersatz gesucht. Dabei kam unser Reitclub ins Spiel.

Wir besaßen zuverlässige Turnierpferde, im speziellen waren das "Ares" und "Niko".

Die beiden wurden für den Wettkampf von uns zur Verfügung gestellt und mussten nur mehr nach Wiener Neustadt überstellt werden.

Diese Aufgabe übernahmen mein Bruder Peter und ich. Wir ritten die beiden also nach Wiener Neustadt und holten sie dann nach Beendigung des Wettkampfs und einer entsprechenden Ruhepause wieder ab.

Im Übrigen waren die Teilnehmer mit unseren Tieren zufrieden, da diese ihre Aufgabe gut erledigten.

Aufgrund der speziellen Einschränkung beim Modernen Fünfkampf, dass den Reitern die Pferde nicht bekannt sind, ist es in letzter Zeit zu Problemen gekommen (Olympische Sommerspiele Tokio 2021). Ein ausgelostes Tier wurde von Reiterin und Trainerin misshandelt, wohl auch, weil manche Pferde mit dem zu bewältigenden Parcours überfordert waren. Das kann aber keine Rechtfertigung für derartige Taten sein. Deshalb ist der Reitbewerb nun aus dem Modernen Fünfkampf gestrichen worden und wird durch eine andere Disziplin ersetzt werden[3].

Experimente

Nachdem ich nun einiges über den Umgang mit Pferden gelernt hatte, versuchte ich mich in Ausübungen des Reitsportes, die etwas ungewöhnlicher waren.

Zum Beispiel war mein Vater ein Sammler von alten Sätteln. Unter anderen besaß er einige Bocksättel aus der Monarchie.

So ein Sattel gehört im Allgemeinen zu einem bestimmten Pferd, und man tut gut daran, diese nicht zu vertauschen. Ein Pferd hat eine bestimmte Rückenform, an die sich ein neuer Sattel mit der Zeit anpasst. Allerdings muss selbiger grundsätzlich von der richtigen Form sein, da es sonst zu Druckstellen kommt, welche für das Tier ausgesprochen schmerzhaft sind.

Nun gab es in der Sammlung einen alten Offiziersbocksattel, welcher bewegliche Auflageflächen hatte. Daraus ergab sich die Möglichkeit, den Sattel jedem beliebigen Pferd auflegen zu können, da sich dieser dem Pferd automatisch anpasste. Außerdem besaß er eine hohe Kammer, damit es keine Komplikationen mit dem Widerrist des Pferdes gab. Das ist der Teil des Rückens, wo die Mähne des Tieres beginnt. Dort beginnt auch der Sattel, und wenn der Widerrist hoch ist und die Kammer des Sattels niedrig, dann scheuern beide aneinander und es kommt zu Verletzungen des Tieres.

Dieser Bocksattel hatte den Vorteil, dass man das Pferd wechseln konnte, ohne den passenden Sattel zur Verfügung zu haben. Man nahm einfach jenen, den man bis jetzt benutzt hatte.

Natürlich hatte dieser Sattel auch Nachteile. Er war durch sein Alter nicht mehr ausgesprochen bequem, da die Polsterung nicht sehr ausgiebig ausgeführt war. Außerdem waren die Kniebauschen nur in einer Grundform vorhanden. Auf der Sitzfläche befanden sich noch einige Rillen in Längsrichtung, wo die dürftige Polsterung vernäht worden war. Bei längerer Benutzung des Sattels führte diese Tatsache zu Irritationen am Gesäß des Reiters.

Zusätzlich hatte der Sattel auch eine "Maschine", was für alte Bocksättel unüblich war. Das ist eine Vorrichtung, an der die Steigbügelriemen befestigt werden. Diese hat einen federnd gelagerten Hebel, der sich bei Zug nach hinten öffnet. Sollte man vom Pferd fallen und dabei im Steigbügel hängen bleiben, wird man nicht mitgeschleift, da sich der Steigbügelriemen vom Sattel lösen kann. Wenn die Verbindung starr ist, kann das zu schweren Unfällen führen, da man bei Stürzen am Pferd hängen bleiben kann.

Ich versuchte den Sattel bei verschiedenen Pferden und mit der Zeit gewöhnte ich mich an die Unannehmlichkeiten. Nach intensiver Behandlung mit Lederöl wurde die Sitzfläche etwas weicher und bequemer. Allerdings färbt dieses Öl das Gewand des Reiters, wenn es zu stark aufgetragen wird.

Des Weiteren gab es da einen Damensattel, zwar alt, aber in einem brauchbaren Zustand.

Diesen wollte ich natürlich auch ausprobieren.

Bei diesem Sattel hat man beide Beine auf einer Seite. In diesem Fall auf der linken. Dazu befindet sich ein Horn auf dem Sattel aufgebaut, über den man das rechte Bein legt und zwar vor dem linken.

Das hatte den Sinn, den Damen von Welt das Reiten zu Pferde mit einem Kleid zu ermöglichen.

Wenn man es gewohnt ist, auf herkömmliche Weise zu reiten, bedarf diese Art, auf einem Pferd zu sitzen, einer gewissen Gewöhnung.

Zusätzlich benötigt man auf der Seite, wo man kein Bein hat, eine Gerte, um dem Pferd die fehlende Schenkelhilfe rechts geben zu können. Auch ist die Sitzposition ungewöhnlich.

Von Vorteil ist außerdem, wenn man sich für solche Experimente nicht gerade das wildeste Pferd aussucht. In diesem Fall war das der gute "Niko", dem der Sattel ausgezeichnet passte.

Im Dressurviereck hat das Ganze einwandfrei funktioniert. Ausritte habe ich allerdings keine mit diesem Damensattel gemacht.

Zu Beginn des Reitunterrichtes muss man lernen, das Gleichgewicht auf dem Rücken des Pferdes zu halten. Dazu gehören einige Übungen auf dem Tier, wie zum Beispiel der Sitzwechsel. Dabei dreht man sich im Sattel einmal im Kreis. Rechtes Bein nach links, linkes Bein nach links (nun sitzt man mit dem Rücken nach vorne), rechtes Bein nach links und linkes Bein zurück nach links (nun sitzt man wieder richtig). Zu Beginn im Schritt, viel später im Trab und besonders Geübte können das auch im Galopp.

Derartige Aufgaben gehen ebenfalls ohne Sattel an der Longe und das nennt sich dann Voltigieren. Dazu gibt es einen Gurt mit beiderseitigen Haltegriffen anstelle des Sattels und eventuell eine Decke auf dem Rücken des Pferdes.

Die gymnastischen Übungen, die man während des Voltigierens (im langsamen Galopp) machen kann, sind nahezu unbegrenzt. Unter anderem das Aufspringen auf das Pferd während des Laufes und auch Abspringen, alles im Rhythmus der Bewegung des Pferdes.

Insgesamt sind das gute Übungen für das Gleichgewicht und das Eingehen auf die Bewegungen des Tieres.

Am Anfang rutscht man da schon mal vom Pferd, aber mit der Zeit lernt man das recht gut, solange man einigermaßen beweglich ist.

So etwas habe ich natürlich auch versucht, aber bei dem Versuch ist es dann geblieben. Die Mädchen und jungen Frauen waren da mit etwas mehr Begeisterung dabei.

Dieses Voltigieren ist übrigens eine eigenständige Sportart.

Nicht vorenthalten möchte ich den Lesern dieses Werkes, dass ich einmal den Versuch wagte, unseren Zwergesel zu reiten.

Ich bin ja recht groß und unsere Donkey ziemlich klein. Sie war nun mal ein Zwergesel.

Sattel gab es natürlich keinen und so schnallte ich eine Satteldecke mit einem Steigbügelriemen auf ihren Rücken. Ein einfaches Zaumzeug mit einer Trense hatte ich ebenfalls zusammengebastelt und los ging es im Dressurviereck.

An und für sich stellte sich unsere Eseldame recht vernünftig an. Ich ritt im Schritt einige Runden, wobei meine Füße fast am Boden streiften. Ich trabte einmal kurz an und ließ es dann gut sein.

Sie ließ sich durchaus lenken und das Antraben war gut gelungen.

Unabhängig von meinem Experiment war auch mein Bruder Peter auf dieselbe Idee gekommen. Er ritt mit unserer Eselin sogar eine kleine Dressurprüfung durch, und sie hat sich ähnlich gut wie bei mir benommen. Davon habe ich erst kürzlich erfahren, als ich bereits an diesem Werk arbeitete.

Zwischenmenschliches

In diesen Geschichten habe ich viel über die beteiligten Tiere erzählt.

Nicht vergessen sollte man aber die entsprechenden Personen. Bewusst habe ich in diesem Zusammenhang keine Namen erwähnt, außer es handelt sich um meine eigene Familie oder um Personen des öffentlichen Lebens. So werde ich es weiterhin beibehalten.

In einem Reitclub wie dem Beschriebenen lernt man viele verschiedene Menschen kennen.

Für mich als Teenager waren vor allem junge Leute in etwa meinem Alter interessant. Natürlich gab es auch zahlreiche erwachsene Reitschüler.

Wenn nun junge Menschen mit gleichen Interessen zusammenkommen, entwickeln sich zahlreiche Freundschaften und Liebschaften.

Im Grunde waren es hauptsächlich Mädchen und junge Frauen, die sich für den Reitsport in verstärktem Maße interessierten. Burschen und junge Männer waren eher die Ausnahme. Die hatten mehr ihre Fahrzeuge, vor allem Mopeds und Autos, im Kopf.

Aber wo sich etliche Mädels aufhalten, sind auch die Burschen nicht weit.

Die Jungs hatten etwas weniger Interesse an den Pferden, eher an den dort anwesenden Ladys. Gezwungenermaßen machten sie mit dem Reitsport auch mit, aber eher nur halbherzig. So konnte man gut Kontakte zu den jungen Damen knüpfen.

Eine Ausnahme waren sicher mein Bruder Peter und ich. Wir waren am Geschehen direkt beteiligt.

Also kam es an den Wochenenden und Feiertagen, hauptsächlich während der Schulferien, immer wieder zu spontanen Partys. Dabei wurde getanzt zu Musik aus einem Kassettenabspielgerät, es gab zu trinken und zu essen. Die Beteiligten hatten ganz einfach Spaß. Oft gab es Geburtstage oder gelungene Veranstaltungen zu feiern.

Manchmal trafen wir uns beim Heurigen, im Kino oder in Restaurants zum Pizzaessen, später dann gerne mal in Diskotheken.

Bei diesen Gelegenheiten ging es meistens um das Thema Pferde, aber auch um andere wichtige Dinge.

Für die meisten pubertierenden oder schon "Erwachsenen" sind zwischenmenschliche Beziehungen ein unumgängliches Thema. Die Liebe spielt bei Teenagern immer eine Rolle.

Da wurden kurzfristige Beziehungen geschlossen und wieder aufgelöst, es spielten sich regelrechte Tragödien ab. Alkohol spielte eine Rolle und geraucht haben die meisten, sobald sie durften. Und wenn es noch so schädlich ist.

Ich persönlich war zwar immer dabei, hab mich aber nicht so intensiv am Geschehen beteiligt. Ich war ganz einfach etwas zurückhaltender und persönlich noch nicht so weit. Im Gegensatz dazu hat mein Bruder das alles ausgekostet und regelrecht genossen.

Dennoch bekam ich bei einer solchen Gelegenheit meinen ersten Kuss von einer jungen Frau. Das war sehr schön, aber es entwickelte sich nichts wirklich Ernsthaftes daraus. Ich war ganz einfach zu unsicher, was solche Dinge anbelangt.

Einige Zeit später war es dann soweit. Ich lernte bei einer Party eine gleichaltrige junge Dame kennen und wir beschlossen, einander wiederzutreffen.

Meine erste richtige Beziehung! Sie war eine Freundin einer Reitschülerin und eher an mir als an den Pferden interessiert. Das war dann ein wichtiger Grund, warum ich mich einstweilen aus dem Reitclub verabschiedete. Das funktionierte für einige Monate recht gut, aber mit der Zeit kam dann meine Unsicherheit wieder zurück, welche ich wohl nie wirklich abgelegt hatte. Irgendwie war ich noch zu unreif für etwas Ernsthaftes.

Trotzdem stellte dieses Naheverhältnis einen Wendepunkt in meinem Leben dar.

Veränderungen

Nach dieser Episode kehrte ich vermehrt in den Reitclub zurück.

Dort gab es einige Veränderungen. Der Pachtvertrag mit den Besitzern des Hofes lief aus und wurde nicht mehr weiter verlängert, da es einige Unstimmigkeiten gegeben hatte.

Darum suchte mein Vater nach einer anderen zur Verfügung stehenden Immobilie, die seinen Anforderungen entsprach.

Diese fand er dann nach einigen Fehlschlägen. Es handelte sich dabei um einen riesigen, seit vielen Jahren leer stehenden Gutshof in Frohsdorf, zur Gemeinde Lanzenkirchen gehörend, einige Kilometer von Katzelsdorf entfernt.

Es gab dort weder Strom noch fließendes Wasser, allerdings einen Kanalanschluß. Das Objekt befand sich auf einer mehrere Hektar umfassenden Wiese, hatte zahlreiche Stallungen und Wohneinheiten, wenn diese einmal saniert sein sollten. Einen großen Teil der Gebäude des Vierkanthofes konnte man bei bestem Willen nur mehr als Ruinen bezeichnen.

Dieses Objekt wurde ebenfalls verpachtet, da der Kaufpreis unermesslich gewesen wäre. Es handelte sich beim gesamten Areal um Baugrund.

Trotz einiger Meinungen, die dagegenhielten, dass sich mein Vater mit diesem Projekt übernehmen würde, hielt er an seinem Plan fest und unterzeichnet den Pachtvertrag.

Also wurde der Umzug von Katzelsdorf nach Frohsdorf durchgeführt.

Zur Wasserversorgung wurde der alte Brunnen im Hof reaktiviert. Leitungen wurden verlegt, ein Hauswasserwerk errichtet, der Hof wurde ans Stromnetz angeschlossen und die zahlreichen kaputten Fenster mussten repariert werden. Dächer wurden ausgebessert, Räumlichkeiten adaptiert, Stallungen hergerichtet und so weiter und so fort.

Ein unglaublicher Aufwand.

Gleichzeitig ging in der Beziehung meiner Eltern etwas schief. Meiner Mutter war dieses Projekt zu überdimensional, und mein Vater ließ sich nicht davon überzeugen, dass das alles nicht klappen würde.

Mit der Zeit gelang es ihm - unter Aufwendung enormer Geldmittel - einen regelrechten Reitbetrieb zu organisieren. Allerdings war das Geld dazu von Banken ausgeborgt worden.

Unter derart ungünstigen Voraussetzungen war zu diesem Zeitpunkt nicht klar, ob das Projekt tatsächlich langfristig bestehen würde.

Nun ist der Punkt gekommen wo ich diese Berichte beenden möchte, da ich diese Geschichten als abgeschlossen betrachte.

Mit einer Ausnahme:

Ich will noch eine Episode aus den letzten Jahren hinzufügen, welche es Wert ist, erwähnt zu werden.

Pferd – Dromedar?

Wir schreiben das Jahr 2022. Nach fast zwei Jahren COVID 19 Pandemie war es wiederum möglich, auf Reisen zu gehen.

Mit Pferden und anderen Tieren setze ich mich nur mehr während meiner Urlaube auseinander.

Im Februar ging es für meine Frau Brigitte und mich nach Ägypten. Das ist eines unserer Lieblingsreiseziele. Dort gibt es sogar im Winter angenehme Temperaturen.

Als Destination haben wir ein Hotel ausgesucht, wo man auch den Reitsport ausüben kann.

Im speziellen habe ich mir eine besondere Aufgabe gesetzt. Ich wollte auf einem Dromedar selbstständig zu reiten lernen. Das ist die korrekte Bezeichnung der einhöckrigen Kamele Ägyptens.

Bisher bin ich schon mehrmals auf Dromedaren gesessen und herumgeführt worden. Das war mir aber zu wenig. So etwas sollte ich doch wohl noch zusammenbringen.

Meine Brigitte beteiligt sich dabei insoweit, dass sie mich und mein Tier fotografiert und filmt. Sie bleibt viel lieber am Strand und entspannt sich beim Sonnenbaden, Lesen und mit Strandspaziergängen.

Nach einigen Tagen der Eingewöhnung war es soweit. Ich habe bei den Verkäufern am Strand einen Zweistunden-Trip gebucht, zuerst einmal mit einem Pferd, in die Wüste. Das kostete 30 Euro und dafür bekam man einen Guide mit. Der schaute darauf, dass einem nichts passiert und überzeugte sich, ob man etwas von der Sache versteht. Wenn er das erkannt hat, konnte man machen, was einem Spaß bereitet.

Als Pferde bekommt man meistens Stuten oder Wallache, die ja ruhiger sind als Hengste. Bei einer solchen Gelegenheit habe ich einmal einen Hengst erhalten. Der war aber sehr friedlich.

Mein Pferd war eine Halbblut-Fuchsstute und hieß "Habiba". Das bedeutet so viel wie "Schatz" oder aber "Geliebte". Als Sattelzeug dienten sehr alte, aber durchaus noch gebrauchsfähige Sättel. Die Zaumzeuge hatten eine Kandare mit Kinnkette, welche in Händen von ungeübten Reitern ziemlich grobe Werkzeuge sind.

Mit von der Partie war ein französisches Paar, die beide nicht sehr viel Ahnung vom Reitsport hatten.

Nach einem kurzen Galopp im Bereich des Strandes konnte unser Guide erkennen, dass zumindest ich etwas vom Reiten verstehe.

Daraufhin ging es richtig los in die Wüste. Zuerst über eine vielbefahrene Straße und dann in die Dünen.

Meistens ritt ich alleine voraus, während unser Guide auf die anderen aufpasste. Die Richtung wusste ich ungefähr und manchmal drosselte ich das Tempo, um meine Begleiter aufschließen zu lassen.

Schließlich erreichten wir den Endpunkt des Ausfluges. Dort konnte man, wenn man wollte, eine Shisha rauchen und Fotos machen.

Die Sandbänke, bei denen wir uns befanden, enthielten Muschelschalen und Korallen. Unser Guide erklärte, dass dieser Teil der Wüste einmal unter dem Meeresspiegel gelegen hat.

Dann konnte man noch einen kleinen Ausritt in der Gegend machen. Dabei kamen wir an einem Haufen weiß gebleichter Knochen vorbei. Diese stammten von einem Dromedar, welches hier verendet ist.

Dromedarknochen in der Wüste mit Habiba und mir

In der Nähe fand am Rande einer Düne ein Foto-Shooting mit zwei Models statt, welche die neueste Ägyptische Mode vor der Kamera präsentierten.

Hinterher ging es wieder zurück zum Strand. Dort konnte man gerne ins Meer reiten. Ist gut als Kühlung für die Beine der Pferde und ein schönes Fotomotiv.

Nach zwei Stunden gab ich mein Tier an die nächste Gruppe weiter, welche bereits am Strand wartete. Nach dieser folgenden Tour war für die Tiere dann Schluss mit der Arbeit. Für meine "Habiba" habe ich vom Hotelbuffet schon vorher zwei Äpfel mitgenommen, welche sie nun bekam. Unser Guide mit Namen Karim erhielt sein verdientes Bakschisch und dann ab ins Hotel auf ein kühles Bier.

Einige Tage später buchte ich zwei weitere Ausritte, diesmal per Dromedar.

Der Ablauf bei diesem Trip war etwas anders als mit dem Pferd.

Das Dromedar, auf dem ich diesmal geritten bin, war beim Nachbarhotel am Strand untergestellt. Es handelte sich um einen älteren Hengst mit Namen "Oskar". Bei dieser Gelegenheit erfuhr ich, dass fast alle ägyptischen männlichen Dromedare "Oskar" heißen.

Zuerst bekam ich einige Erklärungen, wie ich mein Dromedar dazu bringe, dass es aufsteht, sich niederlegt, wie man es führt, antreibt und zum Stehenbleiben bringt.

Steigbügel konnte ich an dem Sattelgestell nicht finden, also musste es wohl ohne gehen. Bei späterer genauer Inspektion des Sattelgestelles aus Holz fand ich aber doch welche, und zwar unter der Sitzauflage. Als Zaum trug "Oskar" eine Art Halfter mit einer Kette um die Nase, welche durch einen Ring führte. An der Kette war ein Strick anstelle von zwei Zügeln wie beim Pferd befestigt. Antreiben konnte man ein Dromedar, ähnlich wie beim Pferd, durch Drücken mit den Schenkeln. Zusätzliche Rufe wie "Yallah" oder "Hat, Hat" was beides "Schneller" bedeutet, erfüllen ebenfalls ihren Zweck.

Lenken kann man mit dem Strick, welcher auf der linken Seite geführt wird. Es geht aber auch rechts. Wenn man zieht und der Kopf des Tieres dreht sich nach links, wird es nach links gehen. Will man nach rechts, soll der Strick am Hals des Dromedars anliegen und durch leichtes ziehen und Druck auf den Hals dreht es den Kopf nach rechts und wird dann dorthin gehen. Stehen bleibt es, wenn man einfach am Strick stärker zieht.

Zum Aufstehen und Niederlegen bringt man ein Dromedar durch einen gerufenen Ton, der in etwa so klingt: "Krchchch". Hilfreich kann eine Gerte sein. Erstens zum Antreiben und Zweitens zur Unterstützung beim Aufstehen und Niederlegen. Dazu klopft man beim Aufstehen von unten auf den Hals und beim Niederlegen von oben auf denselben, zusätzlich zum erwähnten Geräusch. Soweit die Theorie.

Beim Aufstehen und Niederlegen sollte man die zwei Rucke beachten, da das Dromedar nicht mit allen Vieren gleichzeitig aufsteht oder sich niederlegt, sondern zuerst hinten und dann vorne.

Nun konnte ich mich an die Praxis machen. Mein Oskar wollte am Anfang nicht so recht und hat sich, nachdem er gemerkt hat, dass er nun arbeiten soll, mehrmals niedergelegt. Das war für mich gleich eine gute Übung. Zuerst wurde er geführt, dann kam ein Guide mit einem Esel als Reittier an den Strand und nahm uns bis zur Straße mit. Danach ließ er mich alleine werken und ritt mit seinem Esel manchmal vor, dann wieder hinter mir.

Ich habe dann bald herausgefunden, wie das alles praktisch funktioniert und bin ganz gut zurechtgekommen.

Das Antreiben war etwas mühsam, da mein Reittier nicht wirklich wollte. Beim Weg zurück an den Strand ging es dann doch etwas einfacher und schneller. Da sind diese Tiere nicht anders als Pferde.

Wir machten noch einen Zwischenstopp beim Pferdestall, wo ich einen Tee bekam und die Stallungen besichtigen konnte. Dort konnte ich das mit dem Aufstehen und Niederlegen etwas üben, und zwar ohne auf dem Tier zu sitzen. Oskar hatte derweilen dort etwas zu fressen bekommen. Nachher ging es zum Strand und die zwei Stunden waren schon wieder vorbei. Ich war doch etwas mehr erschöpft als vom Reiten zu Pferde.

Die andere Doppelstunde gestaltete sich ähnlich wie die vorherige, nur dass wir die Strecke mehr nach rechts nahmen und mein Guide ein Pferd zur Verfügung hatte. Allerdings musste er das Tier nach einer Viertelstunde gegen ein anderes tauschen, da das seinige anderweitig benötigt wurde. Dazu ließ er mich alleine weiterreiten.

Zuerst ging alles völlig normal weiter. Ich ritt im Pass so dahin (Dromedare gehen anstelle vom Trab im Pass, dabei bewegen sich die beiden Beine rechts und dann beide Beine links), bis Oskar merkte, dass er mit mir alleine war. Das war ihm gar nicht recht und deshalb legte er sich mitten in der Wüste einfach nieder. Da konnte ich machen, was ich wollte, er war nicht weiterzubewegen. Sobald mein Begleiter zurückkam, ging es dann aber doch nach einigen Überredungskünsten weiter.

Ausritt mit Oskar

Fazit dieser Ausritte: Es war schon anders als mit einem Pferd und ich habe da anscheinend ein ziemlich stures Tier erwischt. Aber dadurch fiel mir diese selbst gestellte Aufgabe auch nicht zu leicht, und nur so kann man etwas Neues lernen. Dromedare sind nicht so feinfühlig wie Pferde, nicht so beweglich, dafür aber viel robuster. Die meisten laufen gern einem anderen Tier nach und sind nicht so begeistert, wenn sie vorneweg gehen sollen. Das ist so ähnlich wie bei Schulpferden. Wahrscheinlich gibt es sicherlich begeisterungsfähigere Tiere als meinen Freund Oskar. Vielleicht werde ich einmal eines finden.

Einige Anmerkungen zum Schluss

Diese Geschichten entsprechen alle den Tatsachen, und ich schrieb sie so auf, wie ich mich daran erinnern kann.

Wenn ich bei einer dieser Storys nicht anwesend war, dann habe ich den Hergang aus vertrauenswürdigen Quellen erfahren.

Die Fotos sind von Mitgliedern meiner Familie gemacht worden und zwei sind Standbilder aus 8 Millimeter Filmen. Die Aufnahmen in Ägypten wurden von den dortigen Guides mit meinem Handy gemacht.

Quellennachweise:

1 Heinrich Maria Greve af Zichy-Mesko (1929–1992) • FamilySearch

2 atlas-burgenland.at – Nikitsch

3 https://de.wikipedia.org/wiki/Moderner_Fünfkampf